SNSから抽出する パーセプションでつくる ビンゴ型コミュニケーション プランニング

横山隆治／トレンダーズ株式会社

宣伝会議

はじめに

　「消費者がブランドをコントロールしている」と聞いて、読者のみなさんはどう感じるでしょうか。また「消費とはコミュニケーションである」ではどうでしょう。

　前者は15年ほど前には既にマーケターたちに語られていたフレーズであり、後者は50年以上前にフランスの思想家ジャン・ボードリヤールが『消費社会の神話と構造』の中で語った言葉です。

　「消費はコミュニケーション」と聞くとまさにSNS時代のことかと思いますが、ボードリヤールの時代は当然インターネットはない訳です。彼は「消費とは商品を介して個性を主張する言語活動であり、コミュニケーションの手段である」と言っています。

　いずれも現代のSNSの台頭以前のものであり、その内容は「消費者がソーシャルメディアで発信者にもなり、互いに影響力を発揮する」ということも前提にはしていません。

　しかし、フレーズだけ聞くとあまりに現在を言い当てた予言的なものに感じます。

　そうです。まさに現代はボードリヤールが語った「消費とはコミュニケーションである」をさらに高い次元で成立

させている訳です。SNS時代を前提としても「消費とは商品を介して個性を主張する言語活動であり、コミュニケーションの手段である」という言説は成立しています。SNSは「承認欲求」をベースにしているとも言えるので、「個性を主張する」はその範囲内に含まれる話ではあります。ただ、現代では個性を主張するというだけでなく、もっと目的が幅広くなっているように思います。

　そこはまた別途検証するとして、「消費とはコミュニケーション」であり、「消費者がブランドをコントロールしている」をマーケティングコミュニケーションの大前提として、現在のマーケティングプロセスを進行させてみましょう。

　そうすると、「ブランド側の論理」(送り手の論理)をかなりのレベルで放棄しなければなりません。また従来のマーケティング用語(とその発想)も見直す必要があります。なぜならマーケティング用語はほとんど戦争用語だからです。「ターゲット(標的)」から始まり、消費者を「刈り取る」「囲い込む」「刺さる」といった言葉の発想には、消費者が「有難いお客さまである」という感覚が乏しいのです。それは買い手(受け手)からブランドはどう見えているのかについて徹底的に思考する作業が、マーケティングプロセスから抜け落ちているからでしょう。

　本書「ビンゴ型コミュニケーションプランニング」は、

そうした買い手から見た発想プロセスを強く提唱しています。現状で「消費者があなたのブランドにどんなパーセプションを持っているのかを SNS から抽出する」がスタートです。従来なかなか抽出できなかった消費者の本音は SNS 上にあります。

　「消費者の本音なら、グループインタビューをしているから理解しています」とおっしゃるマーケターもいるでしょう。しかし、グループインタビューは（特に日本人は）誰か意見を主導する人に同調してしまうことが多く、本音を聞き出すのが難しいのです。SNS 上につぶやかれているフレーズに耳をそばだてることは、ブランドの立ち位置を明確にするだけでなく、コミュニケーションコンセプトを設定することにも役立ちます。SNS はマーケターにとってビッグデータでもあり、注目すべき N=1 の意見・感性・こだわりが発見できる宝の山です。

　消費者はどんなパーセプションをあなたのブランドに持っているか。それをどうすれば変えていけるか、について思考実験をしてみてください。送り手マインドのままだと、無理なパーセプションチェンジを追求してしまいます。受け手マインドになると、どんなパーセプションなら無理なくブランドを良い方向に変えていけるかも、自然とわかるはずです。

　本書では、その方法として「ビンゴ型コミュニケーショ

ンプランニング」を提唱します。

　ビンゴカードはそれぞれ書かれている数字が違ってい
て、いくつも種類がありますよね。消費者一人ひとりがこ
のカードを持っています。カードに載っているナンバーは、
消費者パーセプションです。数字の種類や配列は人によっ
て違うので、穴があいていく順番は違いますが、1列の組
み合わせが揃うとビンゴ！つまり、購入意志決定となりま
す。

① パーセプションの組み合わせ（カード）は複数ある
② 順列ではなく組み合わせである
③ カードごとのコミュニケーション戦術に落としやすい

　これが「ビンゴ型コミュニケーションプランニング」の
基本です。

　つまりカスタマージャーニーモデルのように、みんなを
ひとつのレールに乗せて順番に消費者の状態を設定してい
くものではありません。

　そして、本書ではこのカードのもとになるビンゴリスト
の作成（取り組むべき消費者パーセプションの設定）をプ
ロダクトマネージャーが主導して、宣伝部、広報部、場合
によっては商品（研究）開発部などマーケティング活動に

関わる関係者を集めて行うことをおすすめします。どんなパーセプションが揃うとビンゴになるのかを参加者同士が共有することで、この商品のマーケティングコミュニケーション活動のコンセプトや言語が共有されます。

　本書では「世の中の認識が変わる」というような"大きな"パーセプションチェンジではなく、消費者個々の内面に起こる"小さな"パーセプションチェンジを扱っています。

　どんなパーセプションが揃うとビンゴ！になるのかと、こうしたパーセプションの変化を起こせるコミュニケーションとは？を思考するので、どんな施策が想定できるかも一緒に考えていることになります。マーケティング戦略なるものが、"戦術に落ちない"ことはよくあります。施策の実行につながらない戦略では意味がありません。

　消費者のパーセプションをビンゴカードのナンバーに置き換えてカードを作成し、そのナンバーが揃うように小さな複数のパーセプションチェンジを仕掛ける——本書では、この新しいコミュニケーション設計手法の実施方法を解説します。ぜひ試してみてください。

2023 年 10 月
横山隆治

第3章 パーセプション抽出の偏り・抜け漏れをなくすには

第1章

———

「ビンゴ型」コミュニケーション設計

カスタマージャーニーモデルの違和感

———

　ブランドのマーケティング活動を主導している方が今一番苦労しているのは、学んできたマーケティングモデルが、うまく機能しないことではないでしょうか。デジタル時代になってマーケティングの変数が多くなり、自社ブランドのケースが既存のフレームにきれいにハマらないのです。無理につくっても現実感に乏しいものになりがちです。こうしたフレームは具体的な戦術・施策に落ちません。実に「あるある」な話でしょう。

　そのような話で最も「あるある」なのは、消費者（ターゲット）がブランドを認知してから購買するまでの「状態」を双六のように順を追って定義してみる作業です。「カスタマージャーニー（以下ジャーニー）」と呼ばれることが多いと思います。

　このジャーニーモデルですが、おそらく作っていて違和感満載になると思います。

「本当にこの通りにジャーニーをたどるものなのか……？」
「必ずすべてのタッチポイントに触れることはありえないのでは……？」
「これ以外の購買ジャーニーもたくさんあるのでは……？」

図1 「双六型（ジャーニー型）」モデルの違和感のポイント

「双六型（ジャーニー型）」モデルでは…

**全員が同じジャーニーをたどる
ことを前提としている**

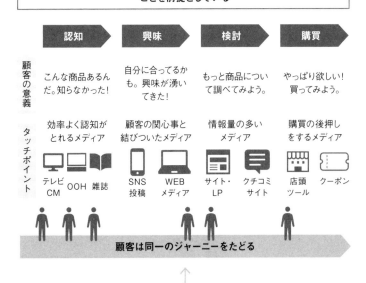

	認知	興味	検討	購買
顧客の意義	こんな商品あるんだ。知らなかった！	自分に合ってるかも。興味が湧いてきた！	もっと商品について調べてみよう。	やっぱり欲しい！買ってみよう。
タッチポイント	効率よく認知がとれるメディア テレビCM　OOH　雑誌	顧客の関心事と結びついたメディア SNS投稿　WEBメディア	情報量の多いメディア サイト・LP　クチコミサイト	購買の後押しをするメディア 店頭ツール　クーポン

顧客は同一のジャーニーをたどる

一方で、実際は…

実際は人による
購買に至るまでの行動やタッチポイントは人によって異なる

購買

消費者によっては、ブランドを意識しないで店頭でふと「要るかも」と買ってしまうこともあるでしょう。ですから筆者はジャーニーのようなフローモデルで考えるなら、「購買」から逆引きしてパターンをいくつか想定したほうがいいと考えます。

　この場合、購買を真ん中に置いて、放射状に購買から逆引きした「購買に至るフロー」をいくつも描いてみたほうがよいでしょう。

図2 購買から逆引きした複数のフロー図

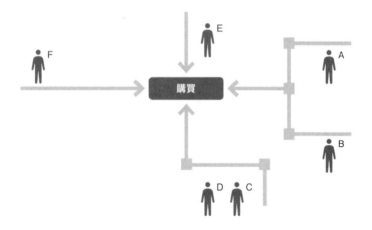

　さて、このジャーニーモデル、市場に初めて投入する商品であればイメージしやすいのですが、広告コミュニケーションを含むプロモーション施策を仕掛ける対象ブランドは、ほとんどが既に市場にあるものです。

　少なからず過去に広告などのブランドコミュニケーションがなされたものであり、店頭で視界に入った経験も、購買経験がある人もいます。ただ、シェアや売上額、ターゲットと想定している層の購買率が低いなど企業側が問題とするイシューがあるため、新たな施策によってこれを解決したいというものです。

　それだけ、新たに市場に投入するブランドを成功させることは難しいのです。市場に生き残っているブランドをより活性化させることのほうがROIが高いので、企業のプロモーション活動の多くは既存ブランドに向かいます。

　ところが多くのマーケターは、市場に投入済みであるブランドでも、ジャーニーのような「双六型」の順列フローで消費者の状態を定義しようとします。「既存商品とはいえまだまだ認知が足りないのだから、改めて認知から……」と考えるのでしょう。

　認知が足りないと問題を設定することは、もちろん間違いではありません。ただ、改めてすべての消費者に「ふりだし」に戻ってもらって、リスタートするようにコミュニケーション設計することが正しいとは思えません。そもそも「順列」で消費者の状態を定義したとして、本当はバラバラにゴールに向かうターゲットに、それぞれの段階ごとのコミュニケーションを仕掛けることは不可能です。

　言ってみれば、「戦術的に不可能なことを、ある種のマー

ケティング戦略としている」のです。また、こうしたマーケティングプロセスをブランドマネージャーが定義したとして、宣伝部や広報部ほか同じ仕事を共にする仲間には、活用されないことがほとんどです。

　それはそうです。こうしたマーケティングプロセスは、戦術に落ちない、つまりエグゼキューションに落ちないからです。宣伝部も広報部も具体的な施策に責任があるのですから、事業部のブランドマネージャーがいくら「これが戦略だ」と言っても、施策に落ちない戦略は「迷惑」なだけです。

　一番問題なのは、社内で共有できる概念、共有できる言語でマーケティング戦略を設定できていないことです。当然、重要なアウトソース先（例えば広告会社）にも戦略を共有してもらわなければなりません。広告クリエイティブにまで一貫したマーケティング戦略が行きわたってこそ、すべての施策が機能するからです。

　ジャーニーモデルの違和感は、消費者を「ああなって」「こうなって」とひとつのレールに乗せていけるものだと考えるところにあります。何か、ステークホルダー（宣伝部、広報部、広告会社等）が皆で概念を共有できる、現実感のある、そして施策に落ちやすいモデルがないものかと感じます。

マーケティングファネルも
破綻している

　AIDMA は 1920 年代にサミュエル・ローランド・ホールが広告の実務書に書いた消費者の心理プロセスです。100年も前のものであることに少し驚きがありますが、今でもこの理論は活用されています。マスマーケティングの実に基本的な発想なのだと思います。

図3　AIDMA

| A | I | D | M | A |
| Attention 認知 | Interest 興味 | Desire 欲求 | Memory 記憶 | Action 行動 |

　インターネットの普及を受けて、電通が提唱した AISAS（Search= 検索と Share= 共有を追加）も基本は同じです。
　いずれにしても A（Attention= 認知）から始まる訳で、まずは「できるだけ多くの人に知らしむるべき」がスタートです。その中から態度変容が生まれ、購買に至るという訳です。実際は広告で認知していない人も買うのですが、それを言い出すときれいなプロセスを描けないので、横に置いておくとしましょう（とこの心理プロセスでは考えます）。

　そして、この AIDMA をもとにして生まれたのが「マーケ

ティングファネル」です。ファネルは、漏斗状に「認知した人」の中に「関心を持つ人」が生まれ、その中から「購入意向を持つ人」が出てきて、さらにその中から「購入する人」が出てきて、ハッピー！という具合に、態度変容と人数を掛け合わせたモデルになっています。逆に言えば、各プロセスで脱落する人がいるのでファネル構造で描くのです。

AIDMAは心理プロセスですが、ファネル理論では、消費者の態度、行動、状態でゴールを目指します。

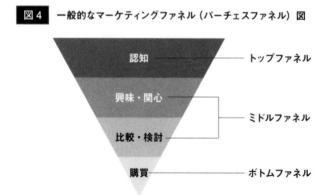

図4 一般的なマーケティングファネル（パーチェスファネル）図

ファネル図ではよく、「認知」の次（いわゆるミドルファネル）に「関心」「検討」などと書いてあります。「比較・検討」と書いてあるものも目にします。

しかし、このミドルファネルは次の図では第二象限にしか適応しません。

図5 ヴォーンのマトリックスを BBDO がマーケティングメソッド化した、自己関与度 高／低 軸×Think ／ Feel 軸にカテゴリーをプロットし象限ごとに心理・態度プロセスを設定するセオリー

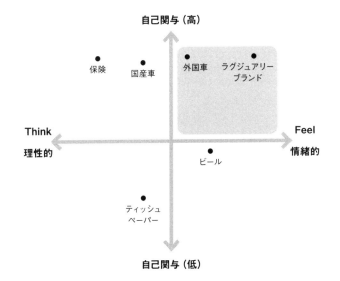

自己関与（高）

● 保険　● 国産車　● 外国車　● ラグジュアリーブランド

Think
理性的

Feel
情緒的

● ビール

● ティッシュペーパー

自己関与（低）

また、トレンダーズ社が SNS での購買行動における影響要因を4パターンに分類した「インフルエンスファクター」というモデルがあります。ここでも、ファネル理論は「モノ×ソサエティ型（Knowledge）」の行動パターンにしか当てはまりません。

図6

図6 **トレンダーズによる SNS 購買行動分析「インフルエンスファクター」**

ヒト型（情報源を重視）

ヒト×ソサエティ型	ヒト×パーソナリティ型
Audience オーディエンス	**Trust** トラスト
インフルエンスファクター ＝ いろいろな人が良いと言っている	インフルエンスファクター ＝ 好きな人が良いと言っている

モノ×ソサエティ型	モノ×パーソナリティ型
Knowledge ナレッジ	**Discovery** ディスカバリー
インフルエンスファクター ＝ 他と比べて良いものだとわかる	インフルエンスファクター ＝ 好きなものに出会えた

ソサエティ型（世の中の評価を重視）

パーソナリティ型（自分の価値観を重視）

モノ型（モノの特性を重視）

　AIDMA も AISAS も、どんどん適応できるカテゴリや消費行動パターンが減っていきます。

　そもそも、もとから購買までの心理プロセスを AIDMA やマーケティングファネルは網羅できていなかったのです。さらに SNS の登場で新たに見られることとなった購買行動は当然表現できません。簡単に画に描いて表せるほど、消費行動は単純ではない訳です。

　マーケティングファネルも、購買を起点に新たに広がる「蝶ネクタイを縦にしたような」モデルをつくってみたり（ダ

ブルファネル）、従来のファネルをもとにこれに手を加えることで解決しようと試みがなされましたが、いずれもうまくいきません。

　この原稿を執筆中に電通の SEAMS というモデルに遭遇しましたが、これも、「ネットでは、こういう衝動買いをする場合もありますね」（図6 インフルエンスファクターの『ディスカバリー』に当たる）という話であり、フローで捉えていること、漏斗構造であることは同じです。

　ということは、もう既にマーケティングファネルという考え方は破綻していると言えます。

図7　マーケティングファネルの破綻

認知
レリバンシー
購入意向
アクション

認知
レリバンシー
購入意向
検索
アクション
シェア

認知
レリバンシー
購入意向
検索
アクション
シェア

SNS による行動パターン
インフルエンサー
SNS からの認知による流れ
などをどう位置づける?

　ファネル構造が破綻しているのは、もうひとつの視点か

らも明らかです。ファネル構造ですから、認知している人より関心を持つ人が少なく、関心を持つ人より購入意向を持つ人が少ないわけです。マスマーケティングの基本的な考え方です。「歩留まり」よりも一番上を多くすることを考える「広告ありき」の発想と言っていいでしょう。

　しかしD2Cのようなビジネスの購買行動は、必ずしも漏斗状では描けません。もしかするとストロー状かもしれません。メディアであり販売チャネルでもあるネット環境（特にSNSを活用したマーケティング）では、認知している人はほぼ会員であり、購入者であることもあります。会員からすると自分たちしか知らないブランドであることが価値で、多くの人に知られてしまったら意味がないのです。
　広告を使うことが前提だったマーケティングで、概念図として機能していたファネルですが、今のマーケティング環境では理論として破綻しているのです。

「順列」から「組み合わせ」に、「双六型」から「ビンゴ型」へ

ジャーニー型でストーリーをつくることに違和感があるのは、そもそも購買に至るストーリーは多次元宇宙論のように無数にあるからです。現実には購買に至るいろんなパターンがあるはずで、それをすべての人をひとつのレールに乗せて同じジャーニーを同じ順番でたどるモデルが非現

実的と感じるのは当然です。

　「すべての人を同じ順番で」という部分が現実的でないので、多様なパターンがあることと、無理に順列で考えないことを筆者は発想しました。

　パターンはひとつでなく、かつ「順列」ではなく「組み合わせ」と考えると、まさに「双六」から「ビンゴカード」で発想しようとなります。

　ビンゴカードにはパターンがいくつもあります。つまり、人によって穴のあき方は違うこと、そして穴のあく順番は関係ないということが重要です。購入意思決定つまり「ビンゴ！」は組み合わせの問題であって、順番は関係なくナンバーが揃えばいいのです。ここで、ビンゴカードのナン

図8 「双六型（ジャーニー型）」と「ビンゴ型」の違い

双六型（ジャーニー型）	ビンゴ型
認知　興味　検討　購買	BINGO
すべての人が同じジャーニーをたどる	人によって穴のあき方は違う
たどるべき順番が決まっている	穴のあく順番は関係ない
順列 ⟷	組み合わせ
USP 重視の設計 ⟷	UBP 重視の設計
USP=Unique Selling Proposition	UBP=Unique Buying Proposition

バーに当たるのは、消費者のブランドに対するパーセプションです。市場導入されているブランドであれば、既に穴があいているところもあるかもしれません。あとどんなパーセプションのナンバーがあけば「ビンゴ！」になるかを考えて、カードも複数枚を想定していきます。

　ビンゴカードのナンバーに当たるのはあくまで消費者側のパーセプションです。うちのブランドの強みはこれだから、とブランド側が勝手に「こう認識されているはず」というナンバーをつくるのは NG です。現状でどう思われているかをしっかり認識しましょう。

USP 重視のモデル設計と UBP 重視のモデル設計

　昔からマーケティングをするうえで「USP（ユニーク・セリング・プロポジション）」を明確にするというプロセスがあります。ブランド提供者として何が「売り」かをはっきりさせることは当然重要です。重要ですが、それが本当に買い手にそう認識されているかの確認は必要です。

　筆者による造語ですが、ここで「UBP（ユニーク・バイング・プロポジション）」という概念で、買う側にとっての価値を設定することを提唱したいと思います。

　USP は、「顧客に対して自社ブランドだけが提供できる

価値」を定義するものですが、これを買う側から UBP として見ると、「自分だけが見抜いているこのブランドの価値」となります。

　そしてまさにこの UBP こそ、SNS からしか読みだせないものです。「ここがいいんだよな……」とつぶやかれたフレーズにこそ真実があります。そこには同じ買う側としての共感要素が散りばめられているので、ブランドコミュニケーションの材料となります。

　筆者は 1982 年に広告業界に入りましたが、当時、下図の左にあるような「プロダクトコーン」という概念図を教わりました。

図9　プロダクトコーンから＃○○○○の共感型コミュニケーションへ

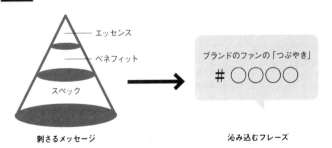

プロダクトコーンは、まさに USP 的な売る側で発想する「刺さるメッセージ」をつくる構造図です。まず商品にはスペックがあり、それによって消費者が得られるベネフィットがあります。しかしそれだけでは「刺さらない」ので、

ベネフィットをエッセンスに昇華させてコミュニケーションしようという考え方です。テレビCMは15秒しかないから、あれこれ言わずに刺さる表現を開発しようと言っているようにも取れます。

これを具体的に説明するために、例えば電気掃除機の新型が出たとしましょう。新型の掃除機は60デシベルしか音が出ないとします。これがスペックです。この静かな掃除機で得られるベネフィットは、集合住宅でも夜に掃除ができるということです。しかしこれだけでなくもっとエモーショナルに訴えるために、夜掃除ができてしまうので、子供たちと遊ぶ時間ができて「幸せな時間」が増えることを表現します。これがエッセンスです。

基本「刺さるメッセージ」とは、送り手ベースでつくり込んでいくものです。昔はよく広告メッセージをラブレターに例えましたが、この考え方ほどうっとうしいものもありません。送り手は必死に売り込みますが、過度な熱量で来られるとかえってネガティブになってしまうものです。

一方で、SNS上でそれとなく、そのブランドのファンらしき人のちょっとした「つぶやき」に触れたとします。「売らんかな」で必死な送り手ではない同じ消費者の立場の人の言葉は何気なく沁み込んできます。例えば、「このクルマのボディライン好きなんだよね」という「自分だけが見抜いているこのブランドの価値」がつぶやかれます。このよ

うなつぶやきには自然に「なるほど、そういうところがいいんだ」と共感してブランドに好印象を与えます。

そう考えると、ブランドのファンのつぶやきを探索すれば、自然に沁み込むコピーのもとが発見できるかもしれません。

このように広告コミュニケーションも受け手主導になっています。「刺さるメッセージ」という時点で時代錯誤と言われかねません。それだけブランドの価値は消費者側にコントロールされているのです。この認識がしっかりできるかどうかが、ブランドを送り出す側の出発点です。

第2章以降では、このUBP発想で、SNSを通じて抽出できる消費者パーセプションで現状を把握し、そのパーセプションをどう変えればよいか（パーセプションチェンジ）を設定する方法、つまりビンゴカードのベースをつくる方法を解説していきます。

「ビンゴカード」をつくると
ターゲットが発見できる

さて、ビンゴカードは何枚ものパターンができるはずだと先ほどお伝えしましたが、この作業はカードごとにターゲット設定していると言えます。パーセプションの④と⑨

と㉑が揃うとビンゴ！という人もいれば、③と⑤と㉕で揃う人もいる訳です。そしてこの３つのパーセプションを変化させる施策、コミュニケーションメディア、メッセージをプランニングすることが、それぞれのターゲットに対する攻略法です。

　そう考えるとターゲットとその施策を同時に設計しているので、筆者はこれを「ビンゴ型コミュニケーションプランニング」と呼んでいます。

　ジャーニーモデルなどよりもはるかに、戦術・施策に落ちる作業になります。

　同時に、最初は設定していないターゲットを発見することもあり得ます。単にそのブランドに関することだけでなく、カテゴリやその生活環境に関わるパーセプションを探すと、「こういうパーセプションが揃うと購入意向が発生するのでは？」ということが想定できます。当然、それはそういう消費者を発見することと表裏一体の作業です。送り手視点で、「ブランドの提供する価値はこれだから、こう

図10　ビンゴカードとカード別のターゲット

いう消費者がターゲットだ」という決めつけでは、本当のターゲットとのズレが生じる可能性があります。

筆者は以前から、「ターゲットは想定するものではなく、実証するものだ」と言ってきましたが、想定するにしても消費者サイドのパーセプションをベースにすることが大事です。

スモールマスの発見と
施策の開発にもつながる

テレビCMのクリエイティブをつくる時、CMのメッセージでは拾えない細かいターゲットやニーズがあるのですが、それは仕方ないことだとするケースは非常に多いと思います。マスマーケティングでは、メインターゲット以外は切り捨てざるを得ないということです。

しかし、実はそのブランドには、メインターゲット以外にも様々なニーズとターゲット（ニーズとターゲットは一体）が既に顕在化している場合も多いはずです。ブランドマネージャーとしては「う〜ん。切り捨てていいものか……」と悩むものの、広告会社からは「テレビCMでは、メインターゲット向けのメッセージに絞り込まないといけませんから」と言われるでしょう。

では「CM以外でこれらのターゲットに訴求する手立てを」と考えるのですが、あまりそれらのターゲットとニーズの分析ができていない、そもそも予算がない、などで手

がつけられないままということがほとんどでしょう。

　しかし、これは実にもったいないことです。企業側がメインターゲットと思っている層以外の方が、これから伸びていくかもしれません。少しでも手を打って反応を見るほうが新たな需要拡大が見込めるかもしれないのです。

　テレビCMで大々的に訴求して刈り取る層がビッグマスとすれば、今は小さいかもしれませんが、これから需要が伸びるスモールマスがあるかもしれません。これらを刺激していけばビッグマスになるかもしれません。こうした探索を怠っているとブランドの需要はシュリンクしていく一方です。

　さて、この探索作業としてもビンゴカード作成は有効だと思います。

　ビンゴカードをつくると、「どんなパーセプションが揃うとよいか」から「どんな接点でどんなメッセージを訴求すればよいか」が想定しやすいのです。ですからメインターゲットのCM訴求以外に、どんな施策を打てばよいかが見えやすくなります。

　マーケティングプロセスの比較的上流でビンゴカード作成をしておくことで、予算配分も含めて「新しい需要探索」を仕掛けておけます。

　そして事業部のプロダクトマネージャーだけでなく、商品

開発部、宣伝部、広報部など社内の別部署とも共通の概念・共通言語で、戦略を共有できるはずです。

マーケティングプロセス表をつくる
～ビンゴカード作成のプロセス

———

　ブランドマーケティングの実行には、まずはっきりしたサブジェクトがあるはずです。

　新商品開発ならわかりやすいですよね。「市場導入を果たして一定のシェアを獲得する」などの目標値が設定できます。しかし世の中で広告コミュニケーションを必要としているブランドのほとんどは既に市場にあるものです。市場投入されているがシェアが低い、あるターゲット層の認知率が低い、などが問題だと考えられていることが多いでしょう。問題を認識してどうするかは経営判断です。経営者（経営幹部）が組織の担当部門にゴールを明確にして、指示しなければなりません。

　それを受けて、マーケティング部門は「問題の整理」をして本当の問題は何かを設定します。そしてこの問題を解決するためのテーマが課題です。よく問題と課題をごっちゃにする人がいますが、マーケティングに関わる人はこれをしっかり分けておかないといけません。社内でこの定義を共有しましょう。

　「問題の設定」ができれば、それを解決するための「課

題の設定」に移行します。その後のプロセスを固めるためにも、早期の段階で「マーケティングモデルの整理」をします。そこで「ビンゴ型コミュニケーション設計モデル」を採用するなら、この段階で社内のステークホルダー全員で握ります（合意して共有します）。

ビンゴ型コミュニケーション設計モデルは、「顧客理解」「シナリオ設計」「消費者インサイトの発見」といったプロセスと隣接しているので、このモデルを遂行する中でこの一連のプロセスを実施することにもなります。

本来社内で作業すべき上流のプロセスですが、ここにエージェンシーを参画させることも考慮できます。当然メディアバイイングなどとは完全に切り離して、しっかりフィーを払って入ってもらいましょう。

前述したように「ビンゴ型コミュニケーションプランニング」は、カード作成自体が「ターゲットの設定」になっています。一連のパーセプション抽出は自社ブランドの現在地の把握であり、期待するパーセプションチェンジ、可能なパーセプションチェンジが議論できる機会です。すべての部署から代表者が出てチームを形成して、この議論を共有しましょう。

部署横断したチーム編成で「ビンゴ型コミュニケーションプランニング」を実行するには、ブランドの責任者が、マーケティングプロセス（行うべき作業）の順番とそのア

ウトプットイメージ、およびそれを誰がするのかを明確にします。プロセスAでしっかりアウトプットしておかないと、このプロセスBは議論できないということになりますから、オーダーは重要です。「この話が決まってないなら議論できないじゃん」とせっかく集まった会議がお開きになるのも「あるある」ですよね。

筆者が提唱している「ビンゴ型コミュニケーションプランニング」も、部署横断で作成すべき作業なので、マーケティングプロセスのオーダーをしっかり決めておかないといけません。プロセス表をつくって合意を得ておきましょう。

そして、プロセス表のどの部分をアウトソースするかを赤ペンで囲ってください。そこのアウトプットイメージを明確にしておくことで、どこに（あるいは誰に）依頼するのが良いかわかりやすくなるでしょう。エージェンシーやコンサルティングファームなどに依頼することが多いと思いますが、そこで大事なのが、RFP（リクエスト・フォー・プロポーザル）です。

リクエストをかける先には、どういうプロセスでどんなアウトプットをしてきたかは、共有しましょう。もちろんNDAを結んでですが……。

「ビンゴ型コミュニケーションプランニング」はアウト

ソース先も巻き込んで行うことも推奨します。しかしこれを丸投げするのは厳禁です。この作業は社内の関係部署でチームを組んで行わないと意味がありません。

　このようなプロセスを経て、「ビンゴカード」を社内の共通概念・共通言語にするのです。

図11 ビンゴカードを社内の共通概念・共有言語にする

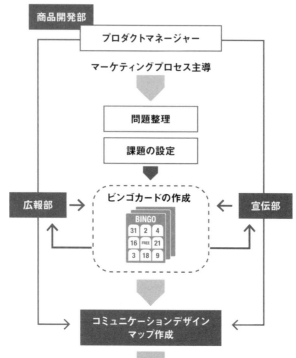

社内で「ビンゴカード」を共有しながら
マーケティング活動を推進

第 2 章

リアルなパーセプションを抽出するための
SNS分析

注目を集める「パーセプション」という概念

　第2章では、「ビンゴ型」のコミュニケーション設計モデルを理解するうえで重要になる「パーセプション」の考え方について、整理したいと思います。

　モノが増え、購買行動における選択肢が増えた現在、「商品を知ってもらいさえすれば、買ってもらえる」時代はとうに終わりを迎えました。現在は、「知っているどうか＝認知」を超えて、「どのように思われているか＝認識」、つまりパーセプションが、消費者を動かすうえでの大きなカギとなっています。近年は、マーケティング業界においても、この「パーセプション」という言葉を非常によく耳にするようになりました。

　現代の消費者は、日々の生活においてたくさんの情報に触れており、その中で商品や企業、それに関連する事柄に対して、無意識のうちに様々なパーセプション（認識）を形成しています。このパーセプションが、良い方向に働き、購買行動の後押しになることもありますが、逆に購入の妨げになっていることも多くあるでしょう。

　重要なのは、消費者の行動パターンが多様化したことで、パーセプションも多様化しているということです。特に、最近はSNSが普及したことで、ひとつの物事に対するパーセプションに大きな差が生じやすくなっています。みなさん

の中にも、「自分がSNSでフォローしている人たちのあいだでは当たり前だと思っていたことが、家族や同僚にとってはそうでなかった」という経験はあるのではないでしょうか。

そして、パーセプションが多様化しているということは、「購入の妨げになっているパーセプションが人によって違う」事象も起きやすくなっているということです。現在は「パーセプションチェンジ（認識変容）」のハードルも、そこから「ビヘイビアチェンジ（行動変容）」につなげるハードルも、これまで以上に高まっていると言えるでしょう。

大きなパーセプションチェンジか、小さなパーセプションチェンジか？

こうした状況下で、消費者のパーセプションを変えて、購買行動につなげていくには、大きく2つのアプローチが考えられます。

ひとつは、「世の中全体」の思い込みを覆す──多くの消費者が共通して抱いているパーセプションを変えることで、行動変容に結びつける方法です。いわゆる「戦略PR」を中心に、現在マーケティング業界において語られるパーセプションチェンジは、この考え方が主流です。多くの人が抱えている認識、つまり世の中の"当たり前"を変革するというアプローチになるため、実現できると非常に大きなインパクトを残すことができます。また、レバレッジが

効かせやすく、「パーセプションチェンジ（認識変容）」が「ビヘイビアチェンジ（行動変容）」に直結します。

　今回、本書でお伝えしたいのは、もうひとつのアプローチ——小さなパーセプションチェンジを積み重ねていく方法です。ひとつのパーセプションを変えるだけでは購買に結びつかなかったとしても、複数のパーセプションチェンジが重なることで、行動の変化につながる可能性が期待できます。

小さなパーセプションチェンジを
積み重ねて購買へ〜ある日焼け止めの例

　例として、過去にトレンダーズで実際に行った日焼け止めのユーザーインタビューをもとに、消費者が購買に至るまでの導線を見てみましょう。

インタビュアー「この日焼け止めを知ったのは、いつでしたか？」
Aさん「はっきりしないですが、昔からなんとなく存在は知っていました」
インタビュアー「どういうイメージを持っていましたか？」
Aさん「ドラッグストアで安く売られているイメージ。そのぶん、安かろう悪かろうという印象があって。あまり興味が持てなかったので、それ以上のことは調べる

こともなかったです」

インタビュアー「興味を持ったきっかけは何でしたか？」

Ａさん「３か月くらい前に、美容好きで有名な〇〇さんがSNS投稿でおすすめしていたのを見て、美容にこだわっている人でも気に入るクオリティなんだ、とちょっと商品を見る目が変わりました」

インタビュアー「それで購入した？」

Ａさん「いえ、その時はちょっと興味を持ったくらいでした。ただ、そこについていた"ベタベタしなくていいですよね"という一般の方からのコメントは印象に残っています。使用感が好みかもしれない、と」

インタビュアー「その後、商品について情報を得る機会はありましたか？」

Ａさん「しばらく存在を忘れていたのですが、その時使っていた別の日焼け止めがなくなって、クチコミを検索している時に、この商品の情報が出てきて、存在を思い出しました。日焼け止めの効果が高い商品は他にもたくさんあったのですが、バッグや服についても白くならない、というクチコミがあって、それが最後の一押しになった感じです」

　このインタビューだけを見ても、Ａさんの中で購買に至るまでに様々な「小さなパーセプションチェンジ」があったのがわかります。

・安い日焼け止めは質がよくない⇒この日焼け止めは、安いけれども美容好きが気に入るレベルだ
・日焼け止めはベタベタするものだ⇒この日焼け止めは、ベタベタせずに使用感が良い
・日焼け止めはバッグや服につくと白くなる⇒この日焼け止めは、バッグや服についても白くならない

　Aさんの場合、このうちひとつのパーセプションチェンジだけでは、購買にまでは結びつかなかったかもしれません。しかし、小さなパーセプションチェンジの積み重ねが、購買という行動を引き起こしました。世の中をゆるがすようなパーセプションチェンジではなく、一人ひとりのちょっとした認識を変えることでも、購買の確率は高められるのです。

　一方で、購買に至るプロセスがAさんとまったく同じという人は、同じ商品のユーザーの中にもほとんどいないのではないでしょうか。実際に、このインタビューでは複数の男女に購買導線を質問しましたが、誰ひとりとして、同じプロセスで購買した人はいませんでした。しかし、「Aさんと同じインフルエンサーの投稿を見ていた」人、「Aさんと同じように使用感の良さが購買した理由のひとつになった」人など、購買に至るまでのパーセプションチェンジの内容が一部重複している人は見受けられました。

　購入の妨げになっているパーセプションは、人によって異なるものもあれば、共通しているものもある。ひとつの小さなパーセプションが変わっただけでは買わないが、複数が積み重なると買いたい気持ちになる。これが現在のよくある、そしてリアルな「パーセプションチェンジ（認識変容）」から「ビヘイビアチェンジ（行動変容）」までの流れだと考えます。

リアルなパーセプションを SNSから抽出する

　購入の妨げになっているパーセプションを考えるうえで注意したいのが、消費者のパーセプションを、企業側が「妄想」しないようにすることです。

　商品を売る立場の企業側は、無意識のうちに、自社にとって都合のよい「パーセプションチェンジ」の姿を思い描きがちです。しかし、都合の良い「妄想」だけをしていると、自分たちは気づいていないけれども、実際には購買を妨げているパーセプションには、永遠に気づくことができません。

　また、企業側の担当者が、消費者の立場に立って「自分の場合はこうだから……」と考えることも重要ですが、やはりそれだけでは危険です。仮に、企業側の担当者と、ターゲットの年齢・性別などの属性が同じであったとしても、前提となる知識や普段のライフスタイルが異なれば、パー

セプションにはズレが生じることも多くあります。「こういったパーセプションがあるのではないか」という仮説を立てることは重要ですが、その仮説をしっかり検証するステップが必要です。

　そこで注目したいのが、SNSを活用したパーセプション抽出（SNS分析）です。SNSには、消費者のリアルな声がたくさん散らばっています。消費者のフラットな声を見つけるうえで、SNSは非常に有効なツールなのです。

SNS分析から得られるのは、マーケターの 主観を排した消費者のフラットな意見

　SNS分析とは様々なSNSから情報を収集し、そこで得られた結果を商品開発やプロモーション設計などのヒントに活用するマーケティング手法で、ソーシャルリスニングとも呼ばれます。SNSが普及した2010年代以降、それまで代表的な手法であったアンケート調査やインタビュー調査と並び、消費者のリアルな声に触れられる重要な手法となってきました。

　従来の調査手法とSNS分析が最も異なる点、それはマーケターの主観を排した、消費者側が主体となって発する意見であることです。アンケート調査やインタビュー調査には必ず質問の作成者やモデレーターが存在します。想定外

の回答を得ようとするのは、なかなか難しいでしょう。

しかしSNSに散らばる情報は基本的に誰かに質問されたわけではない、自発的なものです。また、回答者の心理としては素直に答えようとしていても、無意識に目の前の質問者を意識してしまい、発言を控えたり表現を丁寧に言い換えたりすることも、特にインタビュー調査ではあり得ます。

これらが無駄というわけでは決してありませんし、必要なケースもあります。ただしあくまで「聞かれたから答えたこと」であり、「本人が訴えたいこと」とは限らない可能性があることは、忘れてはならないでしょう。このあたりが、アンケートやインタビューが「市場調査」であり「ヒアリング」なのに対し、SNSで得られる情報は「リスニング（傾聴）」である、という風に言われるゆえんです。

興味関心や価値観ベースでの ユーザー分析にも向いている

また、興味関心や価値観ベースでのユーザー分析に適しているのもSNS分析の特徴です。生活者の価値観は多様化し、性別や年代の属性だけでくくることは困難になりました。言い方を変えると、「生活者の多様な価値観を受容できる社会になった」とも言えます。例えば「働くママ」という属性に対しても、昔のようにステレオタイプな捉え方をすることは不可能であり、そこには様々なライフスタイル

や価値観が存在しています。

　さらに複雑なのが、ひとりの人格の中にも様々な価値観が混在していることです。倹約志向の人が、必ずしもすべての商材に対して倹約とは言えません。普段は効率重視でも、美容にだけは手間暇をかけているという人も珍しくないからです。

　こうした緻密なユーザー情報を従来の調査方法で導き出そうとすると、スクリーニングのために多数の質問を重ねる必要があり、工数がかかります。SNS分析であれば、投稿者のプロフィールや普段閲覧している投稿内容などから、ツールを使ってユーザーの分類を行うことが可能です。これも従来の調査方法とは大きく異なる特徴です。

　実際、様々なSNS分析ツールを導入して定期的に分析を行っている企業が増えており、トレンダーズの取引先からも「ブランドや商品に対するSNSの意見を分析してほしい」という声が非常に多くなってきています。企業の中には専門チームを組んで分析に取り組んでいるところもあるほどです。

　多くの企業が、SNSからでないと得られない情報が増えてきた、それらの情報や意見がビジネスにおよぼす影響が大きくなってきたと感じているのです。

SNSの情報は
「どんなアカウントからの発信か」も大事

———

　マーケティングにおけるSNS分析の重要性について、投稿する側の視点からもう少し補足したいと思います。

　SNSに散らばる声には、アンケートの回答よりもはるかにメッセージ性が含まれていると考えています。その理由のひとつが「誰の発言か」を世界中の誰でも確認できるからです。

　アンケート調査やインタビュー調査の大抵の結果は回答者個人が特定できない形で使われますが、そうとも限らないのがSNSです。発言を検索すれば、誰が発信したものかを特定することはそれほど難しくありません（実名とは限りませんが）。投稿者のプロフィールや過去の投稿を確認することも容易なため、どのような人物かを推測でき、先ほど触れたユーザー分析にもつながります。

　また、投稿者がどのような人物かを調べる行為は、リサーチャーやマーケターだけではなく、一般の生活者も当たり前になっているという点も押さえておかなければなりません。

　トレンダーズが20〜30代女性を対象に行ったInstagramの検索行動調査※では、約8割が「アカウント検索」を利用していると回答しました。また、Instagramで何かの検索をし、もう少し詳しく知りたい時に取る行動を聞いた際に

図 12　20 〜 30 代女性の検索行動調査

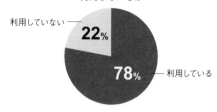

**Instagram の「アカウント検索」を
利用しているか**

利用していない —— **22%**

78% —— 利用している

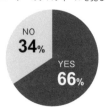

**Instagram で何かの検索をし、
もう少し詳しく知りたい時に取る行動**

気になる投稿をしている
ユーザーの他の投稿を見る

NO **29%**

YES **71%**

気になる投稿をしている
ユーザーのプロフィールを見る

NO **34%**

YES **66%**

N=185　トレンダーズ調べ

※調査対象：事前調査で SNS を普段から利用すると回答した
　20〜30 代女性 185 名／調査期間：2020 年 9 月 18 日〜 23 日
　／調査方法：インターネット調査

は、「気になる投稿をしているユーザーの他の投稿を見る」
（71%）、「気になる投稿をしているユーザーのプロフィー
ルを見る」（66%）という結果となりました。つまり SNS
ユーザーは投稿を見る際に、「何であるか（What）」だけで
なく「誰であるか（Who）」の情報を重要視していること

が見てとれます。

　もちろん投稿者自身もアカウントが確認される可能性は把握しており、匿名だとしても批判を含む様々なリスクをはらんだうえでの発信です。そのうえで、わざわざ人に聞かれてもいないことを、世界中の大多数に向けて自分の意見として発信しているのですから、購買などの行動に直結しやすい強い訴え・メッセージだと言えます。だからこそ、SNSの意見に耳を傾けることがマーケティングにおいて重要なのです。

　また、SNSユーザーのメッセージは投稿そのものだけでなく、プロフィール文や、過去にどんな投稿をしているかなどからも読み取ることができます。それは多くのSNSユーザー（特にSNSネイティブ世代やインフルエンサー志向の強い方々）のあいだで、SNSのアカウントを通してセルフブランディングを行う意識が高まっているためです。

SNS分析は
複合的に読み解く力が求められる

　先ほど、誰でも投稿者を確認できる点をリスクとお伝えしましたが、一方で当の投稿者にとってのメリットにもなり得ます。投稿きっかけで興味を持たれ、プロフィールや過去の投稿を見て新規フォローされることもあるからです。そのことを期待して、アカウント情報を工夫している人は

珍しくありません。

　また、各 SNS にはそれぞれプラットフォームとしての特性がありますが、できるだけ多くの人に自分の投稿を見てもらいたい場合、各プラットフォームで好まれる内容や世界観に合わせた投稿をすることも当たり前になっています。SNS 上での影響力が様々な場面で力を持つようになった今、フォロワー数や投稿へのリアクションを意識する生活者が増えたのも当然と言えるでしょう。

　ただしこうしたユーザーの意識が高まった反動として、他者の目を気にして投稿に消極的になるユーザー（いわゆる「見る専」ユーザー）も一定数いるので、こういった層の声も拾いたい時には、従来のアンケート調査やデプス調査と組み合わせる方法を採ります。

　このように、SNS の投稿には強いメッセージ性があると同時に、様々な思惑が含まれます。額面通りではなく複合要因で読み解く必要があり、注意すべき点もいくつかあるのですが、このノウハウはあまり体系化されていないのが現状です。

　SNS 分析がうまくいかない時、特に多いパターンは下記の 3 つのいずれかです。

・プラットフォーム特性を理解していない
・「定量」と「定性」の要素を混同している
・仮説を持たずにデータを収集してしまう

以降は、ご自身でSNS分析をする際に使えるよう、それぞれ具体的にどんな点にフォーカスすればいいのか、ノウハウをお伝えしていきます。

【1】 プラットフォームは 読み解きたい内容に合わせて選ぶ

先ほどもお伝えした通り、それぞれのSNSにはプラットフォームとしての特性があり、相性のいい投稿も異なります。SNSでのインフルエンス力を高めたいという意識があるユーザーなら、自分なりの戦略を描いて、プラットフォームごとに投稿内容や頻度を変えている方も少なくありません。

さらに言えば、特段インフルエンサーになりたいとは思っていなくても、SNSネイティブであるZ世代は無意識のうちにプラットフォームを使い分けています。

つまりSNS分析の際には、読み解きたい内容に合わせて対象プラットフォームを選ぶ必要があるのです。そこで現在、日本国内のSNS分析において押さえておきたい4大プラットフォームであるX、Instagram、TikTok、YouTubeに関して、それぞれの特性やユーザーのモチベーションなどのポイントをまとめました（ご紹介した数値・情報はいずれも2023年11月時点のものです）。

X は
「ポジもネガもリアルな本音が探しやすい」

X（旧 Twitter）

メディア概要
- 2008 年、日本語版リリース
- 国内利用率※：45.3%
  10 代：54.3%／ 20 代：78.8%／ 30 代：55.5%／
  40 代：44.5%／ 50 代：31.6%／ 60 代：21.0%

メディアの特徴
- テキスト中心のコミュニケーション
- リポスト機能で拡散力が高い
- リアリティのある投稿や本音の投稿が好まれる傾向
- 最新感やタイムリーさが重要
- ポジティブな意見もネガティブな意見も広まりやすい
- フロー型のタイムラインで情報の流れが速い

SNS 分析での活用ポイント
- テキスト中心にユーザーがどんなパーセプションを抱い
  ているか探りたい時
- 話題になりやすいネタや表現を探りたい時
- ポジティブだけでなくネガティブな意見も抽出したい時

　X は、もともと「140 字で日常をつぶやく SNS」として

普及し（現在は長文や文字の装飾などリッチな表現も可能になりましたが）、画像や動画がなくても気軽に投稿できるハードルの低さが特徴のひとつです。年齢や性別、プロフィール画像などを公開していないアカウントも多く、秘匿性も相まって本音感のあるトークが繰り広げられるカルチャーが定着しています。

　また、Xは投稿内容次第でフォロワー数に関係なく広範囲まで拡散されやすいプラットフォームです。そのため広がりの見込めるネタ性の高いトピックや、意図的にインパクトのある表現に寄せた投稿も多く見られます。言うなれば「Xで拡散されやすい切り口」をユーザー自らが提示してくれているということでもあるので、話題につながりやすいパーセプションを探るためには大変参考になるでしょう。

　加えて、「趣味垢」と呼ばれる興味関心トピックでつながるカルチャーが根付いているため、「推し活」と親和性が高いことも特徴です。アイドルやアーティストだけでなく、インフルエンサーやスポーツ選手のような人物の他、アニメ・ゲームなどの2次元キャラクター、鉄道や建築物などモノを対象としたものなどジャンルも幅広く、中には企業やブランドに向けた推し発信も見られます。推し活に励むような熱量の高いユーザーのパーセプションを抽出したり、プロモーションと関連付けできそうな熱量の高いジャ

ンルを探ったりするのにも役立ちます。

　その一方で、「リアルな場ではなかなか言えない本音を表現できる場」と認識しているユーザーも多いため、他のプラットフォームよりもネガティブな意見を見かけることも多いかもしれません。愚痴や批判ネタで盛り上がりやすいのも、Xというプラットフォームが持つひとつの顔です。プロモーション設計の観点では炎上リスクとして慎重に検討する必要がありますが、SNS分析においては、消費者のポジ・ネガ両方のパーセプションを抽出しやすいプラットフォームとして使えるでしょう。

Instagram が向いているのは「ポジティブな評価を深掘りしたい時」

Instagram

メディア概要
・2014年、日本語版リリース
・国内利用率※：50.1%
　10代：70.0%／20代：73.3%／30代：63.7%／
　40代：48.6%／50代：40.7%／60代：21.3%

メディアの特徴
・ビジュアル（画像や動画）中心のコミュニケーション
・フィード投稿、ストーリーズ投稿、リール投稿、ライブ

配信など投稿のフォーマットが多彩
・ハッシュタグでつながる文化
・タイムリーさよりも保存性の高い情報が人気
・ポジティブな投稿が多く、炎上しにくい
・二次拡散性はないがストックに適している

SNS 分析での活用ポイント

・ポジティブな評価を深掘りしたい時
・どんなクラスタのユーザー間で語られているかを探りたい時
・どんな状況で語られているかを探りたい時（比較や組み合わせになっている商品、シーンやロケーションなど）

　「フォトジェニック」「SNS 映え」という流行語を生み出した Instagram。流行当時は若い女性が日々のキラキラした充実っぷりをアピールする場のように捉えられていましたが、ストーリーズ機能が普及したことなどもあり、現在のユーザーモチベーションは、等身大の自分の意見や思い出を記録したいという方向になってきました。

　とはいえ X とは「リアリティ」のニュアンスが異なり、Instagram ではネガティブな投稿は少なめです。ビジュアルが投稿に必須であること、フォトジェニックなものが好まれていた流れもあり、あまり品のない投稿は敬遠される傾向にあります。愚痴や批判ではなく、「本当に自分が良いと感じたもの」という意味でのリアリティが投稿されやす

いのが特徴です。

　従って、Instagram は何かに対するポジティブな評価を深掘りしたい時に使いやすいプラットフォームと言えます。以前から文字数の制限がなく長文での投稿が自然であることや、最大 10 枚の画像の中にびっしり情報を詰め込む「文字入れ投稿」も文化として定着しているので、テキストでの情報収集も十分に可能です。あまりバズを意識せず、むしろ中期的に見て自分にも他人にも役に立つ情報を提供しようというユーザーの意識も高いので、本質的に何が評価されているのかを深掘りしたい時には、X だけでなく Instagram の分析もすることをおすすめします。

　また、「# アウトドア好き」「#3 歳ママ」のような興味関心やライフスタイル属性でゆるくつながり、投稿を介してコメントし合うハッシュタグ文化が根付いています。投稿内容だけでなく、ハッシュタグやコメントしているユーザーをたどっていくことで、そのトピックスがどんなクラスタに語られているかを探ることが可能です。検索結果をパッと見ただけでもどんな雰囲気を持つユーザーが多く発話しているのかを感覚的に探れるのが、ビジュアル型プラットフォームの強みでしょう。

　そしてビジュアル型のもうひとつの特性が、メイントピック以外の情報も収集できる点です。例えば「# 冷蔵庫

の整理術」というハッシュタグを検索したとします。そこには様々な家庭のリアルな冷蔵庫の中身が映し出されますが、常備されていることが多い食材や調味料は何なのか、自分たちの商品はどんな他社商品と並んでいるのかなどが読み取れます。こういったアンケート調査では回収しづらい情報や、言語化されにくい情報を探りたい時には、画像を使った分析にトライすることで、糸口が見つかることもあります。

「若い世代やアーリーアダプター層の
トレンドを探る」ならTikTok

TikTok

メディア概要
・2017年、日本語版リリース
・国内利用率※：28.4%
　10代：66.4%／20代：47.9%／30代：27.3%／
　40代：21.3%／50代：20.2%／60代：11.8%

メディアの特徴
・ショート動画中心のコミュニケーション
・編集機能があり、簡単に動画作成できる
・音源を重要視
・ミーム文化が発達
・カジュアルに見られるエンタメコンテンツが人気

・特に若い世代やアーリーアダプター層のトレンドを探り
　たい時
・どんな動画表現で語られているかを探りたい時
・エンタメ的に受け入れられているポイントを探りたい時

　従来の SNS 分析では動画活用のイメージはほとんどあ
りませんでしたが、テキストや画像では得にくい情報を得
られることも多く、TikTok は見過ごせないプラットフォー
ムです。

　まず、若い世代やアーリーアダプター層のトレンドを探
りたい時に使えます。ユーザーの年齢層は広がってきてい
るものの、もともとは Z 世代を中心に広がったプラット
フォーム。やはり今でも他に比べて若者の声が目立ち、年
代に関わらずトレンドに敏感なアーリーアダプター層の割
合も高くなっています。

　こうしたユーザー特性もあって、TikTok 内のトレンドは
他のプラットフォームよりもさらに速いスピードで移り変
わり、何かが流行りそうならすぐにその投稿フォーマット
にのっかる「ミーム文化」が発達しています。TikTok で流
行ったネタが他のプラットフォームに波及する例も多く見
られるので、トレンドに敏感な層の動きをいち早く探りた
い時に有効です。

　また、何かの商品を「動画」で表現する場合に、どんな

ところに焦点が当てられているのかを探るのにもおすすめです。X や Instagram で多く語られていた切り口がそのまま TikTok でも広がっているかというと、そうとも限りません。テキストで映えるもの、ビジュアルで映えるもの、ムービーで映えるものはそれぞれ少し違っているのです（共通することもあります）。さらに TikTok はエンタメ的な表現が好まれる傾向があるため、動画という表現以外でも、今の消費者が「楽しい」「面白い」と感じるポイントが何なのかを探る際にも使いやすいプラットフォームと言えます。

YouTube では
「インフルエンサー視点の語られ方を探る」

YouTube

メディア概要

・2007 年、日本語版リリース
・国内利用率※：87.1%
　10 代：96.4％／ 20 代：98.2％／ 30 代：94.7％／
　40 代：89.0％／ 50 代：85.3％／ 60 代：66.2%

メディアの特徴

・長尺動画中心のコミュニケーション
・エンタメから専門性の高いものまで幅広いコンテンツが
　人気
・情報量が多く、視聴者に与える影響度が高くなる傾向

・インフルエンサー視点での語られ方を探りたい時
・専門的な視点で深掘りされているポイントを探りたい時
・動画に対しどんなコメントが集まっているかを探りたい時

　YouTube が他 3 つと大きく異なる点は、長尺動画がメインであるため、ひとつの投稿をするにも、投稿を定期的に継続するにも相当なパワーがかかり、ハードルが高いところです。一般生活者の声を抽出するには適していないですが、一方でインフルエンサーを対象にした SNS 分析に使えます。

　どのプラットフォームでも影響力の高いアカウントの発話は重要ですが、中でも長尺動画ならではの濃い情報量が特徴の YouTube 投稿は、視聴者に与える影響度も高くなる傾向にあります。長尺動画という熱量の込めやすい投稿の中でインフルエンサーがどのように発話しているかは、一般生活者の声とは別軸で見ていくと良いでしょう。

　また、YouTube は専門家やジャンル特化型の発信者によるコンテンツも人気です。専門的な視点でどのように語られているか、反対に、専門家であっても長尺動画では語りにくそうなところはあるかといった分析にも使えます。

　そして YouTube は長尺動画という形式上、投稿がファン化につながりやすいプラットフォームでもあります。イン

フルエンサーや専門家の投稿に対してどのようなコメントが集まっているか、どのような影響が波及していそうかを分析するのも、様々なパーセプションを抽出することにつながるでしょう。

※総務省情報通信政策研究所「令和4年度　情報通信メディアの利用時間と情報行動に関する調査」より

【2】 目的に合わせて 「定量」と「定性」分析を使い分ける

——

SNS分析がうまくいかない2つ目のパターンは、「『定量』と『定性』の要素を混同している」でした。従来の調査手法にはアンケート調査のような「定量調査」とインタビュー調査のような「定性調査」の2つがあり、それぞれ役割があります。

定量調査のメリットは結果が数値化されることで説得力が生まれ、多くの人と認識を共有しやすい点です。一方でデメリットは、統計上有意なデータとして扱うためには一定量以上のサンプル数が必要なことと、再三お伝えの通り、質問以上の回答は得られにくい点です。定形の質問票で問題ない実態調査や、仮説検証の際に有効と言えます。また、一気に大量のサンプルから回答を得られる「インターネット調査」や、回答者を会場に集め、実際に商品などを見た

り試したりしてもらってアンケートを取る「会場調査」など、定量調査の中にも細かい目的に応じた複数の手法があります。

　対して定性調査のメリットは、数値化できない生活者の意識を丁寧に深掘りできる点です。デメリットは、数値化されていないがゆえに結果の分析難易度が高いこと（特に関係者が複数にわたる場合）。そして、こちらが求める回答者を設定・抽出しなくてはならない点です。事前にアンケートや簡易ヒアリングなどを行い、仮説やシミュレーションを立てたうえで、さらに解像度を上げたい時には有効でしょう。こちらも、1人を深掘りする「デプスインタビュー」、集団で行うことで意見を引き出す「グループインタビュー」など、より目的に合った手法を選択していくことになります。

　ではSNS分析は定量なのか定性なのかというと、どちらにも当てはまります。各プラットフォームの検索窓に商品名を入れて、表示された投稿内容を分析するのが定番の方法なので、定性調査に近いものと認識されている人が多いかもしれません。
　しかし前述した通り、現在は様々なSNS分析ツールがあり、導入されている企業も増えています。こうしたツールを使えば、「特定期間で特定の商品について言及している投稿を収集し、一覧データとしてファイル出力する」ことが

可能です。つまり定量データとして分析できるのですが、ここがSNS分析の特殊性で、目的に合っているのは定量なのか定性なのかの判断が、そもそも難しくなっています。

　例えば、商品名での投稿数推移が急増したタイミング＝話題になったと思いがちですが、中身を細かく見てみると、プレゼントキャンペーンの応募やCMのタレントに関する投稿がほとんどで（それ自体が悪いわけではなく、全体の戦略次第です）、そこからどれほど商品の購買行動につながったのか疑問が残ります。投稿数が話題化のひとつの指標であることは間違いないのですが、それがすべてではないというのは肝に銘じておきたいところです。

「定性的なSNS分析」の実施方法

　収集ツールのようなテクノロジーが進歩したことで惑わされてしまいがちですが、SNS分析においては、やはり定性要素に目を向けることが重要です。N=1の意見に耳を傾ける、デプス調査的な定性的SNS分析においては、投稿者が「どんな人か」に着目することが重要なため、プロフィールや他の投稿、誰をフォローしていて、誰にフォローされているかまで深掘りしていくことをおすすめします。

　また、N=1同士のコミュニケーションからパーセプションを深掘りする、グループインタビュー的な定性分析においては、「どんな人か」に加えて、投稿に対するコメント

等、ユーザー間のコミュニケーションまで見ていきます。その投稿からどんなクラスタのユーザーを介し、どんなトピックで広がりを見せていったかをマッピング化するツールもあるので、適宜活用するといいでしょう。

「定量的な SNS 分析」の実施方法

　数量的にどのような意見が多いのかを知りたい時には、投稿数などの定量データを使ってテキストマイニングを行います。ただし、ここにも注意していただきたいポイントがあります。「質問に回答する」というアンケート調査とは異なり、ユーザーの自由な発信を定量化していくため、1つの単語で複数の意味が含まれるケースや、無関係な単語が大量に引っかかってしまうことがよくあるのです。収集したデータをそのままテキストマイニングツールにかけて、あまり参考にならないテキストばかりが上位に抽出されてしまい、うまく分析できなかったというのはよくある話です。

　有用な分析とするためには、データのクリーニング作業が欠かせません。具体的な方法としては、先ほど例に挙げたキャンペーン関連のワードや、ECモールでの販売を行っている商品の場合は「送料無料」「免税」「セール」のようなワード、無関係な投稿を大量に投稿しているアカウントを収集ツール上で除外設定しておく、などがあります。
　また、商品とほぼセットで投稿されるものの、分析上はあ

まり有用でないワードなども多く存在します。例えばシャンプーの商品名をSNS分析ツールで収集すると、「髪」「ヘア」といったワードがほぼセットで語られますが、それ自体は当たり前なので収集段階で除外してしまったほうが、そこに紐づくワード（潤い、ダメージ、感動したなど）が浮かびやすくなるのです。

　このような除外ワードの設定とテキストマイニングの実行を何度か繰り返したり、目視でチェックしたりといった地道な調整が、SNS分析の精度を上げるには不可欠と言えます。

　また、SNSの定量面で見過ごせないのは投稿数だけでなく、「影響力」を図る数値です。「多くの人が言っていること」も確かに重要なのですが、一方で「一人しか言っていないけれど、たくさんの人が興味を示す」という事象が起こるのがSNSです。

　驚きや共感が高い投稿は瞬間的にエンゲージメント（いいね、リポスト、コメントなど）が高まり、各プラットフォームのアルゴリズムでフォロワー外にも広くリーチします。アルゴリズムの詳細はどのプラットフォームもほとんど明かされていませんが、エンゲージメントがひとつの重要指標になっていることは間違いないと思われます。

　そうすると重要なのは、投稿がどれくらいの人にリアクションされたかを示す「エンゲージメント数」の他、どれくらいの人に届いたかを示す「リーチ数」です。リーチ数

はプラットフォームや投稿形式よって「インプレッション（表示数）」や「再生数」で表示されることもありますが、投稿者本人にしかわからない場合もあります。

　その他にも第三者からは確認できない情報は多くありますので、より緻密な分析を行いたい場合は、プラットフォーマーやツール開発企業との連携も必要となります。

「定性×定量的な SNS 分析」の実施方法

　SNS 分析は、定性と定量の掛け合わせで分析することも可能です。ある程度の投稿数が確認できた発話トピックスを手掛かりに、投稿者のアカウントや他の投稿を細かく分析していき、最終的に N=1 の定性データを軸に戦略を設計する。または反対に、興味深い N=1 の意見が見つかった場合には、そこを起点に同じような発話をしているユーザーがどのくらいの時期にどれくらいの数いるかといった定量データを軸に設計することもあります。

　このように、データの膨大さゆえにいかようにも分析できてしまう点が SNS 分析の醍醐味であり、難しさでもあると言えます。分析したいことの目的や本質は何かを見極め、必要なデータは定性なのか定量なのか、はたまたその掛け合わせなのか、常に混同しないように意識することが大切です。

【3】 分析をする前に「仮説立て」をする

3つ目のうまくいかないパターンは、「仮説を持たずにデータを収集してしまう」でした。例えば、既に商品が発売されているブランドのマーケティングプランを、SNSの声を参考に検討しようとした場合、ブランド名や商品名で検索をする人は多くいます。

ところがこれが、典型例な落とし穴なのです。これ自体は、ユーザーの声を把握するうえで、非常に有用なことです。特に、既存ユーザーが商品のどのような点を気に入っていて、どのような点を不満に思っているかを把握するうえで、SNSにおける忖度のない声は大変役立ちます。

しかしそこに仮説がなければ、「どれも参考になる気がする」というまとまりのない状態に陥りやすく、有用な分析にはなりません。繰り返しになりますが、SNSに散らばる情報は定量にも定性にも使えるほど、非常に膨大で詳細です。「何を糸口に分析していくか」という仮説立てが、SNS分析において最も必要なことであると言えるでしょう。

また、「ブランド名や商品名で検索する」という行動例には、もうひとつ落とし穴の要素が含まれています。それは、潜在顧客のパーセプションを拾いづらいという点です。具体的な商品についてSNSで投稿する人たちは、商品に対する関与度が既にある程度高い状態と言えます。

これから新規ユーザーを獲得していくことを目的としている場合は、商品への関与度がまだ低い人たちにアプローチをすることになりますが、商品名でSNS検索をしているだけでは、変えるべきパーセプションの見落としが発生します。そのため、SNS分析を行う際には、商品名で検索するだけではなく、よりフラットにターゲットの声を拾う必要があるのですが、やはりここでも「こういったパーセプションがあり得るのではないか」という仮説立てが重要になります。

仮説立ての精度を上げるには
「SNSの肌感覚を鍛える」

　では、どうすればSNS分析における仮説立ての精度を上げられるのでしょうか。その一番の近道は、「SNSの肌感覚を鍛えること」だと考えています。「このプラットフォームでは、最近こんな投稿がおすすめ欄に載ることが多い」「こんな投稿はユーザーからの反応が良さそう／悪そう」といった、ひとりのユーザーとしてSNSを使っている中で得られる感覚です。

　SNS内のトレンドは、めまぐるしい速さで移り変わります。「こんなパーセプションがあり得るのでは？」という仮説を発想するには、「最近、こういう流れがあるから」という感覚的な裏付けがないと、なかなか難しいのです。

　もちろんマーケティングに活かすためには、その対象と

なる商品やブランドと親和性の高いカテゴリのユーザー体験を積んでいったほうがベターです。よく耳にするのが、「若年女性向け化粧品のマーケティングを担当しているが、自分の属性はターゲットとは異なり、プライベートで普段見ているSNSは趣味の釣りやサッカー関係ばかり」といった話です。

　もちろん仕事で必要な際には調べるとは思うのですが、そういった一時的な使い方では「SNSの肌感覚」はなかなか養われません。SNSを自分の趣味に使うなということではなく、むしろそれも大切なことです。一見関係がないように見えるカテゴリでも、そこで培われた肌感覚は何かしら活用する機会が訪れるかもしれません。趣味と仕事を両立したSNSの使い方としては、次のようなテクニックもあるので、ぜひ参考にしてみてください。

1．プライベート用のアカウントとは別に仕事用の情報収集アカウントを作成
2．必要なカテゴリのトップインフルエンサーを可能な限りフォロー
3．必要なカテゴリの関連キーワードやハッシュタグを検索し、気になる投稿はいいねや保存などでアクション
4．2と3を繰り返す

　▶プラットフォームのアルゴリズムに興味のシグナルが蓄積されていき、おすすめや関連情報に相性の良い

情報が自動的に表示されていくようになるので、毎朝
5分見るなど日常的にチェックしていく

　とはいえ、これは継続的かつ中長期的に肌感覚を鍛えて
いきましょうという話なので、今すぐに身につくものでは
ありません。ぜひ取り組んでいただきたいとは思いつつ、
今すぐにSNS分析における仮説立ての精度を上げ、有用な
パーセプションを抽出する、具体的なメソッドを次の章で
詳しくご紹介したいと思います。

ChatGPTをSNS分析に
活用する方法

　先ほどSNS分析は定性でも定量でも分析が可能だとお伝えしましたが、定性×定量のどちらも掛け合わせての分析の難易度が高いことは、リサーチに関わったことのある方であれば想像に難くないかと思います。しかし2023年現在、SNS分析の最新手法としてChatGPTの活用が注目されています。

　一例を挙げると、収集したデータを「グルーピング」するという活用方法です。まず、似たような話題を持つグループに分割する「トピックモデリング」を機械学習で行い、そのトピックの主題となるキーワード、主題となる投稿を抽出します。

　それを元に、トピック内で語られている文脈を示すテキスト（トピックタイトル、トピック説明文、生活者の持つ印象など）をChatGPTによって生成します。そこからトピックごとに形態素解析（品詞抽出）や、投稿しているアカウントを集計することで、SNS上での語られ方の考察まで生成することが可能です。

　定性で分析したいと思っても、無秩序のデータをそのまま扱うのは難しく、地道なクリーニングや目視を行う必要があり、大変工数がかかります。その課題に対する解決方

法の一つがトピックモデリングですが、「結局そのグループは何を示しているのか？」という考察の課題が残ったままでした。ところが ChatGPT を使うことで、簡単かつ低工数でトピックの把握をすることが可能になったのです。

図13 「サプリ」に関する SNS 投稿のトピックモデリング

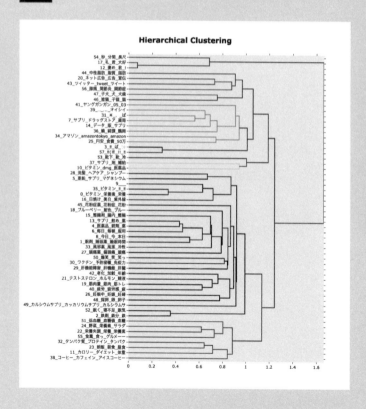

図14 SNS投稿トピック内の文脈をChatGPTで分析した例

トピック タイトル	トピック説明	印象
睡眠改善と サプリメント の利用	このトピックでは、睡眠時間や質の改善、寝不足解消のためにさまざまなサプリメントや眠りを促す製品を使用している人々の体験が語られています。主にその使用感や効果についての感想や結果が共有されています。	このトピックでは、サプリメントは主に睡眠質改善や対策として活用されているという印象です。特に、**熟睡ができない、睡眠時間が短い、寝付きが悪い**といった問題を抱えるユーザーが、改善を期待してサプリメントを服用しています。サプリメントの効果は個人差があるとの声も見受けられます。
鉄分不足と 貧血の対策： サプリメント 摂取	このトピックは、鉄分不足や貧血に対し、鉄分サプリメントを摂取して補給することについて述べています。内容は、サプリメントの摂取、効果、必要性などを個々の経験を通して語られています。	このトピックでは、サプリメントは主に鉄分補給に活用されている印象を受けます。多くの投稿では鉄分不足や貧血を補うために鉄分サプリを飲んでいると述べられています。また、**サプリは日常的に摂取されており、自己判断で買ったり飲んだりしている意志**が見受けられます。
健康と美容に 関するサプリ メントの話題	このトピックは、さまざまなサプリメントについての情報交換や情感的な話題に関連するコメントを集めています。その中で、「サプリ」という言葉とそれを取り巻く生活や健康、美容の観点からの意見やイメージが鮮やかに描かれています。	このトピックでは、投稿者たちが主にサプリをポジティブに捉えており、それを定期的に摂取して健康や美容に良い効果を期待している印象を受けます。さらに、**新しいサプリが届いたときの喜びや、特定のサプリが欠けたときの困惑**も表現されています。
栄養補給と 食生活バラン スの重要性	このトピックは、食事から摂取できない栄養素をサプリメントで補うことの重要性について述べています。栄養失調やダイエット中の人々が、バランスの良い食生活を維持するためのアイデアや提案を含んでいます。	このトピックでは、サプリは食事だけで足りない栄養を補うための便利なツールとして見られています。**ダイエット中や食事量が少ないとき、苦手な食べ物の栄養を補う**ために用いられます。また、消化力が低下している場合や、特定の栄養素を集中して摂りたい場合にも使われています。ただし、**食事自体の楽しみを減らさないようにとの意識**もあります。

また、ChatGPTは画像解析での活用も注目されています。現状、世の中に普及しているSNS分析ツールはテキストでの解析がほとんどです。しかしどのプラットフォームでも画像に含まれる情報は重要であり、見過ごすことはできません。

　今までは目視チェックしていくしか術がなかったところ、この数年で画像解析技術は著しく進歩し、ChatGPTの登場でさらに活用の幅が広がりました。画像解析と先ほどのグルーピングを組み合わせれば、より精度の高いSNS分析も実現できるでしょう。

　SNS分析はパターンを無限に考えられるところが難しさであり、面白さでもあります。リサーチャーとしてだけでなく、「どのような分析ができるか」「そのためにどんなツールが必要か」というデベロッパー的な発想を持てるところが、今までの手法にはなかった特徴ではないでしょうか。

　SNS分析×ChatGPTの活用によって、マーケティングの世界はより一層発展していくのでは、と期待しています。

3

第 3 章

———

パーセプション抽出の
偏り・抜け漏れをなくすには

パーセプション抽出のフレームワーク 「NINE パーセプション」

　第2章では、SNSを活用して、ターゲットのフラットな声を拾う重要性と、その方法についてお伝えしました。

　しかし、SNSから声を拾うといっても、やみくもにSNSをチェックするだけでは、抽出するパーセプションに偏りや抜け漏れが生じてしまいます。そこで本書では、パーセプション抽出のフレームワークとして「NINEパーセプション」を紹介します。

　これは、商品名を検索するだけでは拾いづらい、消費者の認識＝パーセプションを網羅するためのフレームワークです。9つの項目をすべて埋めるSNS分析のプロセスを通じて、消費者の現状のパーセプションを抽出します。

　第1章で言及した「ビンゴ型」コミュニケーション設計を考えるうえでも、この「NINEパーセプション」をもとに抽出するパーセプションは非常に重要になってきます。

　ここからは、とある韓国ブランドの美容シートマスクの事例を交えながら、「NINEパーセプション」の9つの項目をご紹介していきます。

図15 NINE パーセプション

NINEパーセプション

1 売り場パーセプション
売り場に関する認識

2 コストパーセプション
コストに関する認識

3 企業パーセプション
企業に関する認識

4 カテゴリパーセプション
カテゴリの類似商品に関する認識

5 選択パーセプション
商品の選び方に関する認識

6 ベネフィットパーセプション
ベネフィットに関する認識

7 マイナスパーセプション
マイナスポイントに関する認識

8 トレンドパーセプション
トレンドに関する認識

9 ソーシャルパーセプション
社会情勢に関する認識

参考事例

シートマスク A

・濃密クリーム状の美容液を閉じ込めたシートマスク

・韓国のスキンケアブランドが展開

・ヒト幹細胞培養液の配合量が業界トップクラス

・低刺激処方で敏感肌でも使える安心感

・5 枚入りで約 4,700 円

※シートマスク（フェイスマスク・シートパック）とは、顔の形をしたシートに、化粧水や美容液をしみこませたスキンケアアイテムです。顔にシートを直接貼り付けて使います。

（1） 売り場パーセプション

　1つ目は「売り場に関する認識」です。その商材が売っている場所について、「○○で売っている商品は、こういうものが多い」「××で商品を買う場合、これを我慢しなければならない」といった「購入場所」に紐づく消費者のパーセプションを抽出します。

⇒例：シートマスクＡの場合

「公式サイトでの購入はデメリットが多い」

　この抽出作業を行った当時、シートマスクＡは公式サイトのみで販売していました。公式サイトという販路に、消費者がどのようなパーセプションを持っているかを調べると、「安心感がある」などのポジティブな声の一方で、「すぐ届かない」「登録が面倒」「お得感が少ない」などの声が多く見られました。コロナ禍を経て、ＥＣでスキンケア商品を購入する動き自体は広まっているものの、特にAmazon・楽天などの大手ＥＣモールと比較すると、公式サイトは使いづらい・デメリットが多いという認識を持っている人が多いようです。SNSでは、商品に興味を持ったものの、公式サイトでしか販売をしていないことを知って、面倒になって購入をやめたという声も見られました。

（2） コストパーセプション

　2つ目は「コストに関する認識」です。他の商品と比べて、安いのか・平均的なのか・高いのかで、消費者のイメー

ジは大きく変わってきます。それぞれの価格帯の商品に対して、消費者がどのようなパーセプションを持っているのかを把握しましょう。

⇒例：シートマスク A の場合

「シートマスクは安いもので十分である」

　シートマスク A の価格は 1 枚あたり約 1,000 円で、シートマスクの中では高価な部類に入ります。一方で消費者のコストに対する意識を調べると、「安いシートマスクでも十分に効果を感じる」「シートマスクは安いものでも十分なクオリティがある」という認識が多く見られました。これは、高価なシートマスクを購買してもらううえでは、非常に大きな妨げとなるパーセプションと言えます。

(3) 企業パーセプション

　3 つ目は「企業に関する認識」です。販売元の企業のイメージは、商品そのもののイメージも左右します。認知度が高い企業であれば「企業自体がどのように消費者に認識されているか」、認知度が低い企業であれば「認知度の有無で、どのようなパーセプションの違いが生じるのか」を確認すると良いでしょう。

⇒例：シートマスク A の場合

「研究力・研究資本のある大手メーカーのもののほうが信用できる」

シートマスクＡは、韓国発の新興ブランドということも
あり、当時、企業名については日本ではまったく知られてい
ない状況でした。一方で、SNS において、企業名がスキン
ケアの購買におよぼす影響について見てみると、多くの消
費者が「スキンケアは、研究力・研究資本のある大手メー
カーのものが信用できる」というパーセプションを持って
いる様子がうかがえました。特にここ数年は、日本の大手
スキンケアメーカーが SNS での発信にも注力していて、消
費者に研究結果や最新技術が伝わりやすくなっていること
が、こうした流れに影響しているようです。「信用できる
商品は大手メーカーのものである」「大手メーカーのものを
買ったほうがよい」というパーセプションも、シートマス
クＡにとっては購入を妨げる要因のひとつになっていると
言えます。

（4）カテゴリパーセプション

　４つ目は、「カテゴリの類似商品に関する認識」です。類
似商品のイメージが、自社商品のイメージに影響すること
は多くあります。特に、売上トップブランドの商品や、SNS
で話題を牽引している商品のイメージは、目に触れる機会
が多いぶん、消費者のパーセプションを大きく左右します。
消費者が、類似商品を通じて、カテゴリそのものに対して
どのようなパーセプションを形成しているのかをチェック
しましょう。

⇒例：シートマスク A の場合

> 「シートマスクはスキンケアの中で
> ルーティン化したほうが良い」

　日本でシートマスクが流行しはじめた時は、毎日使う「デイリーケア」ではなく、特別な日に使う「スペシャルケア」用のアイテムという認識が主流でした。しかし、SNSにおいて、直近の類似商品に関する投稿を見ると、毎日使える大容量のシートマスクが人気を集めていたり、朝晩シートマスクを使っている有名な女優さんのマネをする人が増えていたりと、調子が良い肌の状態をキープするために「シートマスクをスキンケアの中でルーティン化したほうが良い」というパーセプションを持つ人が増えている傾向が見られました。高価格帯のシートマスク A はデイリーケア用に使うのはハードルが高く、「ルーティン化したほうが良い」というパーセプションは、購入の妨げになってしまいます。

(5)　選択パーセプション

　5つ目は「商品の選び方に関する認識」です。そのカテゴリの商材を選ぶ場合に、どれを買うかという「選び方」の基準に関するパーセプションをチェックします。

⇒例：シートマスク A の場合

> 「より美的好奇心をくすぐられるものを選択したい」

　シートマスクを探している SNS ユーザーの声を見ると、

成分・技術に工夫があるものなど「より美的好奇心をくすぐられるものを選びたい」というパーセプションを持っている様子が見られました。これには、SNSを通じて美容の知識が手軽に楽しく得られるようになったことで、消費者の美容に対する知的好奇心が高まっていることが背景にあると考えられます。このパーセプションは「購入の妨げになっている」とは言わないまでも、「購入のハードルを一段階上げている」と捉えることができます。

(6) ベネフィットパーセプション

6つ目は「ベネフィットに関する認識」です。そのカテゴリの商材を使って得られるベネフィットに関して、消費者がどのように認識しているかを抽出します。ベネフィットというと、購買につなげるうえでは一見ポジティブな認識に見えますが、消費者が期待しているベネフィットと商品で実際に得られるベネフィットに「ズレがある」場合や「差がある」場合は、かえって購買から遠ざかってしまうことがあります。

⇒例：シートマスクAの場合

「シートマスクは肌に潤いを与えるものだ」

消費者がシートマスクのベネフィットをどのように認識しているかを調べたところ、「シートマスクは肌に潤いを与えるもの」というパーセプションが一定数あることがわかりました。しかし、シートマスクAは、ローションマスク

状（化粧水を閉じ込めたシートマスク）ではなく、クリームマスク状（濃密クリーム状の美容液を閉じ込めたシートマスク）のアイテムであり、肌に潤いを与えるだけにとどまらず、それ以上の美容効果が期待できるアイテムです。こうした点をふまえると、「シートマスクは肌に潤いを与えるもの」という消費者のパーセプションは、アップデートが必要なものと言えます。

（7）マイナスパーセプション

　7つ目は「マイナスポイントに関する認識」です。こちらは（6）のベネフィットパーセプションとは逆で、消費者が認識しているネガティブなポイントを拾う項目となります。消費者の購入にあたってのストッパーになっていることがないか、という視点でカテゴリ商材のパーセプションをチェックすると良いでしょう。

⇒例：シートマスクＡの場合

「シートマスクの中でも、韓国製のものは肌に合わない」

　SNS を見ると、同じシートマスクでも、その特徴によってネガティブに思われているポイントが異なることがわかりました。例えば、今売上を伸ばしている大容量のシートマスクの場合は、防腐剤が多く使われているのではないか、素手で引き出すので衛生的ではないのではないか、といった声が多く見られています。

　Ａのような個包装タイプのシートマスクについては、防

腐剤・衛生面への懸念の声はほぼなかったのですが、代わりに韓国製のシートマスクであるということが、ネガティブに見られる懸念があるとわかりました。特に、SNSでは、肌が敏感な人を中心に「韓国製のシートマスクを使ったが肌に合わなかった」という経験談が目立っています。また、韓国製のシートマスクを使って肌が荒れると、「その商品が合わなかった」のではなく、「韓国製のシートマスクが合わなかった」と、ひとくくりにして認識する人が多い傾向も見られました。

　実際には、シートマスクAは、肌が弱い人・敏感な人でも使えるアイテムなのですが、「韓国製」のシートマスクであること自体が、マイナスの認識につながり得るということになります。

(8)　トレンドパーセプション

　8つ目は「トレンドに関する認識」です。消費者のパーセプションは、流行によっても左右されます。その商材にまつわるトレンドを、消費者がどのように認識しているかを確認しましょう。

⇒例：シートマスクAの場合

> 「シートマスクは、成分を重視して選ぶべきだ」

　シートマスクに限らず、スキンケアカテゴリにおいては、ここ数年で「成分」を重視するトレンドが見られています。実際にSNS上でも、ビタミンCやナイアシンアミド、セラミドなど

の配合成分を見て、シートマスクをはじめとしたスキンケアを選んでいるという声が多く上がっていました。特に美容感度が高い消費者の中では「スキンケアアイテムは成分を重視して選ぶべき、選びたい」というパーセプションが形成されていると言えます。こちらも「購入の妨げになっている」とは言わないまでも、「購入のハードルを一段階上げている」パーセプションであると考えられるでしょう。

（9）ソーシャルパーセプション

9つ目は「社会情勢に関する認識」です。社会・世の中の動きをふまえた時に、購買に影響する可能性のある消費者のパーセプションを見つけましょう。

⇒例：シートマスクAの場合

> 「コロナが収束し、脱マスクが進んでいるから、肌のために何かしたい」

　このSNSによるパーセプション抽出を行った当時は、ちょうど新型コロナウイルスの感染状況が落ち着きを見せ、マスク着用のルールが緩和されつつあるタイミングでした。そしてSNS上では、「脱マスク」に向けてスキンケアに投資意欲を見せる投稿が多く上がっていました。マスクでごまかしていた肌荒れを治したい、マスクを外した時に目立つシワ・たるみを改善したいという人が多かったのです。「脱マスク」という社会の動きをふまえて、「マスクを外しても、肌に自信を持っていられるように、何かした

ほうがいい」というパーセプションが生まれていると言えます。

これは一見すると、高価なシートマスクには追い風とも言える状況ですが、実際にはシートマスク以外のスキンケアアイテムを探している声、さらには美容医療や美顔器への投資を検討する声も多数上がっていました。「肌に自信を持つために何かしたほうがいい」と思っている人は多いものの、「肌に自信を持つためにシートマスクを使いたい」と思っている人が多いわけではない、という点はしっかり認識しておく必要があります。

このように具体例を見ていただくと、「NINE パーセプション」のフレームワークを使うことで、見逃しがちなパーセプションを抽出できるイメージがついた方も多いのではないでしょうか。

なお、今回は1つの項目について、1つのパーセプションを紹介しましたが、注目すべきパーセプションが複数拾えることもあると思います。その場合は、すべてのパーセプションを記録しておき、このあとのステップで精査をしていくという考え方になります。この時点では、「商品に関連する消費者のパーセプションを、漏れなく抽出する」ことに集中します。

「NINE パーセプション」は UBP 発想を身につける訓練にもなる

----

　9 つの項目それぞれについて、パーセプションを見ていく作業は少し大変かもしれませんが、様々な切り口で消費者のパーセプションを把握することは、マーケティングを行ううえで、大いに意味があります。特に、消費者の立場で物事を捉えようとする際に、この「NINE パーセプション」をもとにした SNS 分析は非常に役立ちます。

　第 1 章で「USP（ユニーク・セリング・プロポジション）」「UBP（ユニーク・バイイング・プロポジション）」の違いについて説明しましたが、企業側の立場にいると、どうしても USP 発想で物事を考えがちです。USP は「顧客に対して自社ブランドだけが提供できる価値」を意味しますが、UBP は消費者にとって「自分だけが見抜いているこのブランドの価値」であり、後者は企業側の視点に慣れて発想が凝り固まっていると、なかなか本来の価値に気づくことができません。

　こうした USP 発想を UBP 発想に切り替え、消費者の立場で物事を捉える訓練としても、この「NINE パーセプション」のフレームワークを用いた抽出作業は有用になります。

パーセプション抽出のタイミング設定は？

———

　なお、ブランドによっては、定期的に新商品を投入しているところも多いと思います。もし、カテゴリ・特徴が異なる商品を発売する場合は、都度パーセプションの抽出を行うことをおすすめします。ただし、ブランドが同じであれば、「NINE パーセプション」の９項目のうちいくつかは、別アイテムで抽出したパーセプションと共通してきます。そのため、初回よりもかける工数を減らすことができます。

　例えば、同じブランドから、シートマスクに続いて洗顔料を出すとなった場合、「(1) 売り場パーセプション」「(3) 企業パーセプション」「(8) トレンドパーセプション」「(9) ソーシャルパーセプション」などは、共通する内容になることが多いでしょう。そのため、以前に別アイテムでパーセプションを抽出していれば、それを参考にすることが可能です。

　ただし、このうち「(8) トレンドパーセプション」「(9) ソーシャルパーセプション」については、消費者の認識変化の移り変わりが早いので、スパンが空くようであれば、再度 SNS 分析を行うことを推奨します。この２項目については、新商品の発売予定がないロングセラーブランドでも、１年を目安として、定期的に消費者のパーセプション

をチェックすると良いと思います。

また、「(2) コストパーセプション」については、ブランドが同じであれば、価格感も近いことが多いと思いますが、カテゴリやアイテムによって、価格の感じ方やコストパフォーマンスの判断基準が変わることもあるため、都度チェックすることをおすすめします。

「NINE パーセプション」が組織間の共通言語になる

「NINE パーセプション」を使って消費者のパーセプションを抽出することは、このあと詳しくお伝えするコミュニケーション設計に役立つのはもちろんですが、立場の違う関係者によって視点にバラつきが出てしまうという「組織課題の解決」にもつながると考えます。

開発部門・マーケティング部門・営業部門など、関係する部署や担当者が多ければ多いほど、それぞれの視点で商品の価値を語って意見がまとまらなかったり、逆に発言力の強い部署や担当者の声だけが通ってしまったり……ということが起こりがちです。しかし、「NINE パーセプション」をベースに、関係者全員が消費者の視点を持ち合わせることができるようになれば、コミュニケーションはもっとスムーズにいくはずです。

重要なのは、主語を「部署」ではなく、「消費者」に統一することにあります。そもそも組織とは、商品やサービスを通じて、お客さまである消費者の課題を解決したり、ニーズを満たしたりするために存在するものです。しかし、日々手元の業務に集中していると、どうしても自分の「部署」の視点で物事を見るクセがついてしまいがちです。そして、「部署」と「部署」で会話をしてしまうと、必然的にそれぞれの部署にとって都合が良い主張をしてしまいやすくなります。

　しかし、「NINE パーセプション」をベースに、主語を「消費者」で統一し、すべての関係者が「消費者のパーセプションをどのようにして変化させるか」という視点で物事を考えることができれば、それぞれの部署が何をすべきかがクリアになり、組織におけるコミュニケーションもスムーズになることが期待できます。「NINE パーセプション」をふまえて、消費者のパーセプションチェンジに関する目標を共有することで、部署や担当の垣根を越えた「共通言語」が生まれるのです。

　また、使い方によっては、3C 分析（Customer ＝市場、Company ＝自社、Competitor ＝競合の、3 つの C について分析するフレームワーク）、4P 分析（Product ＝商品、Price ＝価格、Place ＝流通、Promotion ＝販売促進の、4 つの P について分析するフレームワーク）のように、ブランドや商品の現在の立ち位置を整理するフレームワークとしても活用できると思います。

Xをパーセプション抽出で使いこなす検索テクニック

　SNSの中でも、特にパーセプション抽出に活用しやすいのがX（旧Twitter）です。第2章でも触れた通り、Xは他のSNSと比べて、画像や動画がなくても気軽に投稿できるハードルの低さが特徴のひとつであり、それゆえに本音に近い声が見つけやすい特徴があります。また、検索の自由度が高いため、ターゲットの声が比較的見つけやすいSNSでもあります。

　検索窓にワードを入力する際に、以下のようなコマンドを活用すると、パーセプションの抽出や、仮説の検証がしやすくなりますので、ぜひ参考にしてみてください。

from検索

検索したいワード＋「from:（ユーザーID名）」

> Q　シートマスク　from: Trenders_Co

　入力したユーザーの投稿に絞って検索をすることができます。気になる投稿をしていた人が、他にどのような投稿をしているかを探す時に便利です。

since 検索

検索したいワード＋「since:（年 - 月 - 日）」

> Q　シートマスク　since:2024-1-1

　指定した年月日以降の投稿に絞り込んで検索をすることができます。直近の投稿だけをチェックしたい場合に便利です。

- 検索

検索したいワード＋「-（検索から除外したいワード）」

> Q　シートマスク　-モニター

　検索から除外したいワードの前に「-」（半角のハイフン）を付けると、その言葉を除外することができます。検索の精度を上げたい場合に便利です。

or 検索

検索したいワード 1「or」検索したいワード 2

> Q　シートマスク　or　シートパック

　検索したいワードが複数ある場合、「or」でワードを区切ると、まとめて検索することができます。「or」の両側には半角スペースを入れる必要があります。まとめて結果を見たい場合に便利です。

完全一致検索

" 検索したいワード "

> Q　　　"シートマスクA"

　検索したいワードを " " でくくることで、完全に一致する言葉だけを表示させることができます。類似ワードを除外したい場合に便利です。

リポスト検索

検索したいワード＋「min_retweets:（任意の数字）」

> Q　　シートマスク　min_retweets:1000

　指定した数字以上のリポストがされた投稿のみを表示することができます。多くの人に共感された投稿を探す時に便利です。

　なお、「min_faves:（任意の数字）」に変えると、指定した数字以上の「いいね」がされている投稿が表示されます。

ポジティブ・ネガティブ検索

検索ワード＋「:)」または「:(」

> Q　　シートマスク　:)

　検索ワードに、「:)」をつけるとポジティブな内容、「:(」をつけるとネガティブな内容を表示することができます。必ずしも正しい結果が反映されるわけではないため、精度

としては参考程度にはなりますが、感情や評価を伴う投稿
が探しやすくなる場合があります。

第4章

―――

「NINEパーセプション」をもとにした、
「ビンゴ型」コミュニケーション設計

「ビンゴ型」コミュニケーション設計の実践

　ここからは、いよいよ「ビンゴ型」コミュニケーション設計の実践方法についてお伝えしていきたいと思います。

　第1章では、従来の「双六型」に代わる、新たなモデルとなり得るのが「ビンゴ型」のコミュニケーション設計であることをお伝えしました。現在、多くのメーカーやブランドにおいて「双六型」のコミュニケーション設計が主流になっていますが、顧客が同一のジャーニーをたどることを前提としたモデルに違和感を覚える方は多いでしょう。

　特に、消費者の購買行動が大きく変化し、ジャーニーのバリエーションが無数に存在する近年では、全員に同一のジャーニーを歩ませること自体が現実的でなくなっています。

　そこで、本書で提案するのが「ビンゴ型」のコミュニケーション設計です。これは、消費者の購買行動を「ビンゴゲーム」になぞらえたものになります。

　「双六型」のコミュニケーション設計は、「すべての人が同じジャーニーをたどる」「たどるべき順番が決まっている」前提になっていますが、リアルな購買の実態は「人による」のが現実です。

　一方の「ビンゴ型」のコミュニケーション設計は、「人によって穴のあき方が違う」「穴のあく順番は関係ない」という前提に立つものです。双六のような「順列」ではなく、まさにビンゴのような「組み合わせ」が購買につながると考えます。そもそも「順番」を意識するのは送り手である企業側だけで、受け手である消費者は意識していません。

　特にロングセラー商品の場合などは、自分がその商品の情報に、いつ、どの順番で、何回接触したかを覚えている消費者はほとんどいないでしょう。重要なのは購買に必要なピースが揃うことで、順番ではありません。必要なピースが揃いさえすれば、その順番に関係なく、消費者は購買行動を起こすのです。

「ビンゴの穴があく」とは
どういうことか？
──

　私たちは、第2章でお伝えしたように、「消費者の認識変化＝パーセプションチェンジ」の積み重ねこそが、「購買（行動変容）」につながると考えています。これをビンゴゲームに当てはめて考えると、消費者それぞれが持っているビンゴのカードに書かれている「番号」の一つひとつが「消費者のパーセプション」となります。そして、「ビンゴの穴がひとつあくこと」が、「パーセプションが一部変わること」を意味します。このパーセプションチェンジの積み重ねによって、「ビンゴの穴が揃う」、つまり「購買に至

る」というわけです。

図16　認識変容・購買をビンゴゲームに当てはめた考え方

ビンゴの番号一つひとつ
＝消費者のパーセプション

現在の パーセプ ション①	現在の パーセプ ション②	現在の パーセプ ション③
現在の パーセプ ション④	現在の パーセプ ション⑤	現在の パーセプ ション⑥
現在の パーセプ ション⑦	現在の パーセプ ション⑧	現在の パーセプ ション⑨

ビンゴの穴がひとつあくこと
＝パーセプションが一部変わること

新しい パーセプ ション❶	①⇒❶に パーセプション チェンジ	
現在の パーセプ ション④	現在の パーセプ ション⑤	現在の パーセプ ション⑥
現在の パーセプ ション⑦	現在の パーセプ ション⑧	現在の パーセプ ション⑨

ビンゴの穴が揃うこと
＝購買に至ること
（パーセプションチェンジの積み重ねで購買につながる）

新しい パーセプ ション❶	古い パーセプ ション②	古い パーセプ ション③
古い パーセプ ション④	新しい パーセプ ション❺	古い パーセプ ション⑥
古い パーセプ ション⑦	古い パーセプ ション⑧	新しい パーセプ ション❾

　ビンゴゲームにおいて、配られるカードに書かれた番号は一人ひとり違っています。「ビンゴを揃えるのに必要な番号」が人によって異なるように、「購入につなげるために、変える必要のあるパーセプション」も人によって異なる点が、「ビンゴ型」のコミュニケーションの重要なポイントと言えるでしょう。

　そして、実際のビンゴゲームを思い浮かべていただくとわかる通り、人によって、穴のあき方も、穴があく順番も異なります。たくさん穴があいてもなかなかビンゴしない人――実際の消費行動に例えると、十分に興味喚起はできているけれどもなかなか購買には至らない人もいれば、一気に穴があいてビンゴする人――一度の情報接触の中で、一気に興味が高まり突発的に購入する人もいるはずです。

　企業目線で考えると、「ビンゴの穴がたくさんあく状況をつくる」ことは「消費者のパーセプションチェンジをたく

さん起こす」ことを意味します。そのためには、多くの消費者の「購入の妨げやハードルになっているパーセプション」を抽出し、どのように「購入につながるパーセプション」に変えられるかを検討することが必要になってきます。

図17 パーセプションチェンジのイメージ

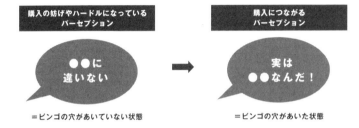

購入の妨げやハードルになっている パーセプション		購入につながる パーセプション

●●に
違いない

➡

実は
●●なんだ！

＝ビンゴの穴があいていない状態 ＝ビンゴの穴があいた状態

具体的には、消費者のパーセプションについて「Before」（現状：購入のハードルになっているパーセプション）と「After」（理想：購入につなげるための理想的なパーセプション）を整理するステップをはさむと、わかりやすくなります。

図18 パーセプションの「Before」と「After」をリスト化し、整理する

Before		After
	➡	
	➡	
	➡	
●●に 違いない	➡	実は ●●なんだ！
	➡	
	➡	
	➡	
	➡	

ついやりがちな
「USPから考える」発想に要注意

　この時にやりがちなのが、商品のUSPをベースにして「After」の状態から逆算して、「Before」を妄想してしまうことです。例えば、「ヒト幹細胞成分」を配合していることがUSPであるシートマスクの場合、After ⇒ Before の順番で考えると、次のように「妄想」が混ざってしまいます。

このシートマスクは「ヒト幹細胞成分」を配合しているのがウリだ

▼

「After：購入につなげるための理想的なパーセプション」として、「成分にこだわった韓国コスメが使いたい」というパーセプションをつくることができれば良いのでは？

▼

それなら、「Before：購入のハードルになっているパーセプション」は、「韓国コスメは成分にこだわったものが少ない」などになるだろう

▼

現在は「韓国コスメは成分にこだわったものが少ない」と思われているけれども、そのパーセプションを変化させて「成分にこだわった韓国コスメが使いたい」と思わせることができたら、商品を購入してくれる人が増えそうだ！

　しかし、実際の日本における韓国コスメ市場を見てみると、韓国コスメはむしろ成分にこだわったアイテムが豊富であり、成分を重視して韓国コスメを選ぶ人も多いのが実態です。このように、USPから逆算して考えると、パーセプションは企業側の妄想になってしまうリスクがあります。

図19　USPから逆算すると、パーセプションは企業側の妄想になってしまう

Before		After	
勝手な妄想	⇒	都合のいい妄想	商品USP ヒト幹細胞成分を配合
韓国コスメは成分にこだわったものが少ない	⇒	成分にこだわった韓国コスメが使いたい	

　それでは、どうすれば良いでしょうか。ビンゴの番号一つひとつは、消費者のパーセプションを示すものになるので、実際に存在する「Before」、つまり現状から考える必要

図20　パーセプションを起点にすることで、顧客が買う理由＝UBPが見つかる

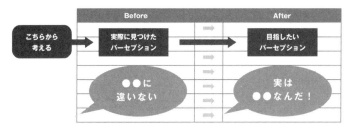

	Before		After
こちらから考える →	実際に見つけたパーセプション	⇒ →	目指したいパーセプション
	●●に違いない	⇒	実は●●なんだ！

があります。つまり、実際に見つけたパーセプションをもとに、目指したいパーセプションを設定するということです。パーセプションを起点にすることで、顧客が買う理由＝ UBP が見つかりやすくなるのです。

「NINE パーセプション」をもとに、「Before」のパーセプションを抽出する

そして、この実在する「Before」を整理するうえで役立つのが、先ほどご紹介した「NINE パーセプション」です。「NINE パーセプション」を活用することで、9 つの項目それぞれに対して、1 つ以上「Before」の状態のパーセプションを抽出できることになります。実際に SNS 分析などをもとに抽出しているので、企業の妄想ではない、リアルでフラットな消費者のパーセプションが集まっています。

図21 「ビンゴリスト」の作成① 「Before」項目を記入する

カテゴリ	Before
①売り場パーセプション	
②コストパーセプション	
③企業パーセプション	
④カテゴリパーセプション	
⑤選択パーセプション	
⑥ベネフィットパーセプション	
⑦マイナスパーセプション	
⑧トレンドパーセプション	
⑨ソーシャルパーセプション	

「NINE パーセプション」をもとに抽出した消費者の「現在のパーセプション」を書く

　そして、このパーセプションをもとに、「ビンゴ型」コミュニケーション設計を進めていきます。以降、ビンゴのもとになるパーセプションを整理した表を「ビンゴリスト」と呼びます。ここからは、「ビンゴリスト」をどのように埋めていくかを、順を追ってお伝えしていきます。

「Before」の状態をふまえて、目指すべき「After」を考える

　「NINE パーセプション」をもとに、9つの項目それぞれに対する消費者の「Before＝現状」のパーセプションが抽出できたら、次は「After＝理想」となるパーセプションを設定し、「ビンゴリスト」に追記します。「Before」のパーセプションは、購入の妨げやハードルになっている消費者の認識であるはずなので、それがどのように変化していたら購買に結びつくのかを考えましょう。

図22 「ビンゴリスト」の作成② 「After」項目を記入する

カテゴリ	Before	After
①売り場パーセプション		
②コストパーセプション		
③企業パーセプション		
④カテゴリパーセプション		
⑤選択パーセプション		
⑥ベネフィットパーセプション		
⑦マイナスパーセプション		
⑧トレンドパーセプション		
⑨ソーシャルパーセプション		

「Before」の状態のパーセプションをどのような状態にすべきかを考えて「After」のパーセプションを埋める

「Before」から「After」にパーセプションを
変換させるファクターを検討する

────

　「Before」と「After」それぞれのパーセプションを整理
したら、次はどのようなファクターがあれば「Before」の
認識を「After」の認識に変換できるかを検討し、リストに
追加します。具体的には、（1）パーセプションの変換につ
ながる「商品USP」、または（2）パーセプションの変換に
つながる「施策」を探すということになります。

（1）パーセプションの変換につながる「商品USP」

　これまで本書では「USP」ではなく「UBP」を起点にし
たコミュニケーションを提案してきましたが、ここでよう
やく「USP」の話が出てきます。ビンゴ型のコミュニケー
ション設計において、「USP」は、「消費者のパーセプショ
ンを変えるための材料」です。購入の妨げになっている消
費者の認識を、そのブランドだけが提供できる価値によっ
て変換することができれば、ビンゴの穴をあけることにつ
ながります。

（2）パーセプションの変換につながる「施策」

　また、商品USPだけでパーセプションの変換が難しい場
合は、施策を通じてアプローチする方法もあります。商品
自体は変わらなくても、ブランドからのメッセージの伝え
方や、第三者からのお墨付きなどによって、消費者のパー

セプションは変わるものです。どのような要素のある施策を実行すれば、「After」の状態に近づくかを検討しましょう。

図23 「ビンゴリスト」の作成③ 各項目の変換ファクターを検討する

「Before」の状態を「After」に
変換するファクターを検討する

カテゴリ	Before	After	変換ファクター
①売り場パーセプション			
②コストパーセプション			
③企業パーセプション			
④カテゴリパーセプション			
⑤選択パーセプション			
⑥ベネフィットパーセプション			
⑦マイナスパーセプション			
⑧トレンドパーセプション			
⑨ソーシャルパーセプション			

　以降は、この「Before」の認識を「After」の状態に変換するための商品USPや施策を「変換ファクター」と呼ぶことにします。この変換ファクターが、実際に消費者のパーセプションを変化させた時に、ビンゴの穴がひとつあくことになります。

　変換ファクターがクリアになり、「ビンゴリスト」が完成したら、それがコミュニケーション設計の指針となります。変換ファクター自体がプロモーションでやるべき方向性を示すものとなっているはずなので、あとはそれを実現

するための施策に落とし込むだけで OK です。

　なお、「Before」の状態や、目指すべき「After」の状態によっては、ハードルが高すぎて、なかなか変換ファクターが埋まらないことも出てくるかもしれません。変換ファクターが埋まらない＝その項目についてはパーセプションチェンジを起こせないということなので、別のパーセプションに注目するなどの切り替えが必要になります。

　もし、短期でのプロモーションを設計するのであれば、もう一度 SNS 分析に戻り、同じ項目や別の項目で、他に注目すべきパーセプションがないかを検討しましょう。逆に、ハードルは高いものの、このパーセプションを変えることが商品戦略において重要である場合は、商品のリニューアルを行う、3〜5年計画でプロモーション施策を組み立てるなど、長期的な視点でパーセプションチェンジに取り組む判断もあると思います。

「ビンゴ型」コミュニケーション設計の プロセスまとめ

ここまでの流れを改めてまとめると、以下のステップに なります。

「ビンゴリスト」をつくる＝ コミュニケーション設計をおこなう

【1】Before の抽出
「NINE パーセプション」の9つの切り口で、 現状のパーセプション＝「Before」を抽出する

【2】After の設定
抽出した現状＝「Before」のパーセプションが、 どのような状態になれば購入に近づくかを考えて、 目標＝「After」を設定する

【3】変換ファクターの検討
どのようなファクターがあれば、 「Before」のパーセプションを 「After」に変換できるかを検討する
↓
できあがった「ビンゴリスト」をもとに、 プロモーションの具体施策を検討する

「ビンゴリスト」に記載するパーセプションは、9つぴったりでなくてもOK

なお、NINEパーセプションの「9つ」という数は、あくまでも「切り口の数」の話になります。項目によっては、1つの切り口に対して、複数のパーセプションが浮き彫りになることもあるでしょう。逆に、変換ファクターが埋まらないために、リストから外さざるを得ないパーセプションも出てくるかもしれません。

「Beforeの抽出」の段階では、視点の抜け漏れがないように、9つすべての切り口でパーセプションを探すことを推奨しますが、変換ファクターの検討までのプロセスを経た「ビンゴリスト」の状態においては、リストにある項目が5個のこともあれば、13個になることもあります。「9つ」はあくまでもパーセプションの「切り口の数」の話であり、9個ぴったりのパーセプションでなくても問題はありません。

また、購買にあたって必要な変換ファクターの数は、人によって、また商品やタイミングによっても変わってくるでしょう。同じ商品を購買するまでに、ある人はパーセプションチェンジがたくさん必要だけれども、別の人はそうではない、というケースは普通にあり得ます。「ビンゴリスト」に書かれている変換ファクターがいくつ必要かは人によって異なります。

「ビンゴ型」コミュニケーション設計に おけるテレビ CM の立ち位置

なお、通常のビンゴカードであれば、真ん中は「Free」になっていて、最初から穴があいた状態、つまりビンゴが揃いやすい状態になっています。

これをプロモーションの話に置き換えると、リーチ効率の良いテレビ CM を投下することは、「ビンゴ型」のコミュニケーション設計において、真ん中の穴を Free 状態にして、ビンゴを揃いやすくすることになります。

ただし、真ん中があくことで「ビンゴが揃いやすくはなる」ものの、「真ん中があく＝即購入」ではないことに注意しましょう。既に発売済みの商品で、もともと消費者が商品に対して良いパーセプションを持っており（＝いくつかの穴があいた状態であり）、テレビ CM が最後の一押しに

図24 テレビ CM はビンゴカードの「FREE」に当たる

107

なったなら、CM を見てすぐ購買することもあるかもしれません。しかし、まったく知らない企業の、まったく新しい商品を、テレビ CM だけで買ってもらうことは、なかなか難しいものです。

テレビ CM に予算を投下することで可能になるのは、伝えたいメッセージや商品特長を、効率的に届けることです。逆にデジタルやオフラインのみで完結するプロモーションの場合は、ビンゴの真ん中があいていない前提で、コミュニケーションを設計する必要があります。

「ビンゴリスト」の作成は 複数部署が参加するのが望ましい

また、「ビンゴ型」コミュニケーション設計においては、「ビンゴリスト」のクオリティが、コミュニケーションのクオリティに直結します。リストのクオリティを上げるには、あらゆる視点を網羅して考えられる、視野の広さが必要です。そのために望ましいのは、関連するすべての部署から代表者が参加して、チームで「ビンゴリスト」作成の議論をすることです。

特に、変換ファクターを導く際には、できる限り、その商品を担当する多くの部署から意見をもらうことをおすすめします。マーケティング部門、広報部門、開発部門、営業部門など、所属する部署によって視点が大きく異なるた

め、得意とする項目や気づくポイントも違うことが多いからです。パーセプションチェンジにつながる隠れた USP がないか、商品リニューアルや販路の追加で変えられるパーセプションはないか……。様々な視点で変換ファクターを探ることが重要です。

　また、SNS でのパーセプション抽出や、抽出にあたって仮説を立てるためのユーザーヒアリングなどはアウトソースをする選択肢もあります。できるだけ、社内外の様々な人を巻き込むことで、「ビンゴリスト」のクオリティは高まっていきます。

第 5 章

———

ケーススタディ:
あるシートマスクの「ビンゴリスト」作成

シートマスク A の「ビンゴリスト」を作成する

　ここからは、第3章でも例に出した、韓国ブランドのシートマスクの場合をケーススタディとして、実際の「ビンゴ型」コミュニケーション設計のイメージを膨らませていきましょう。

> 参考事例
>
> シートマスク A
> ・濃密クリーム状の美容液を閉じ込めたシートマスク
> ・韓国のスキンケアブランドが展開
> ・ヒト幹細胞培養液の配合量が業界トップクラス
> ・低刺激処方で敏感肌でも使える安心感
> ・5枚入りで約4,700円

「ビンゴリスト」をつくるプロセス

【1】Before の抽出

　「NINE パーセプション」の9つの切り口で、現状のパーセプション＝「Before」を抽出する

　まずは、「NINE パーセプション」のフレームワークを用いて、SNS 分析を中心に「Before」の状態のパーセプションを抽出します。具体的なフローについては、第3章を参照してください。

この内容を表に落とし込むと、以下のようになります。9つの項目それぞれについて、SNS分析から見えてきた、購入の妨げやハードルになっているパーセプションがまとめられている状態です。

図25 シートマスクAのビンゴリスト「Before」項目

カテゴリ	Before
①売り場パーセプション	公式サイトでの購入はデメリットが多い
②コストパーセプション	シートマスクは安いもので十分である
③企業パーセプション	研究力・研究資本のある大手メーカーのもののほうが信用できる
④カテゴリパーセプション	シートマスクはスキンケアの中でルーティン化したほうが良い
⑤選択パーセプション	より美的好奇心をくすぐられるものを選択したい
⑥ベネフィットパーセプション	シートマスクは肌に潤いを与えるものだ
⑦マイナスパーセプション	シートマスクの中でも、韓国製のものは肌に合わない
⑧トレンドパーセプション	シートマスクは、成分を重視して選ぶべきだ
⑨ソーシャルパーセプション	コロナが収束し、脱マスクが進んでいるから、肌のために何かしたい

【2】 After の設定

抽出した現状＝「Before」のパーセプションが、どのような状態になれば購入に近づくかを考えて、目標＝「After」を設定する

続いては、理想の状態＝「After」のパーセプションを考えていきます。現在のパーセプションを、どのように変化させることができれば「ビンゴの穴があいた状態」と言え

るのかを、ひとつずつ検討していきましょう。シートマスクＡの場合は、以下のようにまとめることができます。

図26 シートマスクＡのビンゴリスト「After」項目

カテゴリ	Before	After
①売り場 パーセプション	公式サイトでの購入はデメリットが多い	この商品は、欲しいと思ったときに手軽に購入できる
②コスト パーセプション	シートマスクは安いもので十分である	このシートマスクには、1枚1,000円の投資をする意味がある
③企業 パーセプション	研究力・研究資本のある大手メーカーのもののほうが信用できる	この商品は、スキンケア大手のものではないが、研究力や効果が信用できる
④カテゴリ パーセプション	シートマスクはスキンケアの中でルーティン化したほうが良い	この商品は毎日のルーティンで使わなくても、効果が持続できそうだ
⑤選択 パーセプション	より美的好奇心をくすぐられるものを選択したい	この商品には、今まで知らなかった新しい成分・技術が使われているから美的好奇心をくすぐられる
⑥ベネフィット パーセプション	シートマスクは肌に潤いを与えるものだ	この商品は肌に潤いを与えるだけのものではないから、より効果が期待できる
⑦マイナス パーセプション	シートマスクの中でも、韓国製のものは肌に合わない	この商品は、肌が弱い人・敏感な人こそ使うべきシートマスクだ
⑧トレンド パーセプション	シートマスクは、成分を重視して選ぶべきだ	この商品には、気になる成分が含まれており効果が期待できそうだ
⑨ソーシャル パーセプション	コロナが収束し、脱マスクが進んでいるから、肌のために何かしたい	この商品は、脱マスクに向けて肌のレベルを上げるうえで、優先的に投資すべきものだ

【3】変換ファクターの検討

抽出した現状＝「Before」のパーセプションが、どのような状態になれば購入に近づくかを考えて、目標＝「After」を設定する

どのようなファクターがあれば、「Before」の認識を「After」に変えることができるかを検討します。パーセプションの変換につながる「商品USP」を探す、またはパー

セプションの変換につながる「施策」を検討していくと、以下のように表を埋めることができます。

図27 完成したシートマスクＡのビンゴリスト

カテゴリ	Before	After	変換ファクター
①売り場 パーセプション	公式サイトでの購入はデメリットが多い	この商品は、欲しいと思った時に手軽に購入できる	消費者が購入しやすい売り場の確保
②コスト パーセプション	シートマスクは安いもので十分である	このシートマスクには、1枚1,000円の投資をする意味がある	投資をしたくなるような実感が持てる体験機会の増加
③企業 パーセプション	研究力・研究資本のある大手メーカーのもののほうが信用できる	この商品は、スキンケア大手のものではないが、研究力や効果が信用できる	代表が肌にベストなものを探ってヒト幹細胞成分に行き着いたという研究ストーリー
④カテゴリ パーセプション	シートマスクはスキンケアの中でルーティン化したほうが良い	この商品は毎日のルーティンで使わなくても、効果が持続できそうだ	毎日使わなくても効果が持続するオリジナルメソッドの提案
⑤選択 パーセプション	より美的好奇心をくすぐられるものを選択したい	この商品には、今まで知らなかった新しい成分・技術が使われているから美的好奇心をくすぐられる	注目の新成分"DAWNERGY™ペプチド"にフォーカスした発話
⑥ベネフィット パーセプション	シートマスクは肌に潤いを与えるものだ	この商品は肌に潤いを与えるだけのものではないから、より効果が期待できる	シートマスクの種類・目的・選び方を解説した美容賢者の発話
⑦マイナス パーセプション	シートマスクの中でも、韓国製のものは肌に合わない	この商品は、肌が弱い人・敏感な人こそ使うべきシートマスクだ	肌が弱い人も含めた高評価レビュー
⑧トレンド パーセプション	シートマスクは、成分を重視して選ぶべきだ	この商品には、気になる成分が含まれており効果が期待できそうだ	ナイアシンアミドなどサブ成分を含めた、成分フォーカスの発話
⑨ソーシャル パーセプション	コロナが収束し、脱マスクが進んでいるから、肌のために何かしたい	この商品は、脱マスクに向けて肌のレベルをあげるうえで、優先的に投資すべきものだ	美容医療ユーザーも含めた高評価レビュー

「NINE パーセプション」の項目ごとに見る、変換ファクターを導くまでの流れ

ここまでのプロセスをより詳しくイメージいただくため、「NINE パーセプション」の9つの切り口ごとに、変換ファクターを導くまでの流れもご紹介していきます。

（1）売り場パーセプション

Before（現状のパーセプション）

「公式サイトでの購入はデメリットが多い」

シートマスク A は公式サイトのみで販売を行っていましたが、SNS では公式サイトという購入方法に対して、Amazon・楽天などの EC モールと比較して使いづらい・デメリットが多いという認識を持っている人が多い様子がうかがえました。

▼

After（理想的なパーセプション）

「この商品は、欲しいと思った時に手軽に購入できる」

消費者のパーセプションを購買に近づけるためには、商品に対して「買いづらい」と思わせない工夫が必要になります。欲しいと思った時に「すぐに、簡単に購入できる商品」というパーセプションをつくることが重要です。

> 変換ファクター
> （「Before」から「After」にパーセプションを変換させるファクター）

「消費者が購入しやすい売り場の確保」

　パーセプションチェンジのためには、世の中の「公式サイト」へのイメージを変えるという方法もありますが、それには非常に時間と労力がかかります。そのため、公式サイトとは別に、より購入しやすい販路を確保し、「この商品は、●●でも買えるんだ」と認識してもらうことで、購買ハードルを下げることが、最初にやるべきことと言えます。

（2）コストパーセプション

Before（現状のパーセプション）

「シートマスクは安いもので十分である」

　シートマスクAは1枚あたり1,000円近くしますが、市場では1枚あたりの単価が数十円のシートマスクも多数売られています。また、SNSには、「安いシートマスクでも十分に効果を感じる」という投稿が多く見られており、高級なシートマスクを購入してもらううえでは、このパーセプションが非常に大きな妨げになっています。

▼

After（理想的なパーセプション）

「このシートマスクには、1枚1,000円の投資をする意味がある」

　購買に近づけるためには、上記のパーセプションを「こ

の商品であれば、1枚1,000円でも買う価値がある」という
うパーセプションに変換する必要があります。

変換ファクター
（「Before」から「After」にパーセプションを変換させるファクター）

「投資をしたくなるような実感が持てる体験機会の増加」

　リーズナブルなマスクを使用している人の中には、高価
なシートマスクを使った経験がなく、どのような違いがあ
るかを知らないままに、「これで十分だ」と思い込んでいる
人も多いと考えられます。こうした思い込みを払拭するた
めには、実際に商品を試すことで、普段使っているシートマ
スクとの違いを実感してもらうことが一番の近道です。そ
のため、サンプル提供や体験会などの場を通じて、投資をし
たくなるような実感を持ってもらうことができると、パー
セプションチェンジにつながりやすくなると言えます。

（3）企業パーセプション

Before（現状のパーセプション）

「研究力・研究資本のある大手メーカーのもののほうが信
用できる」

　シートマスクAは、韓国発の新興ブランドであり、日本
での知名度はほとんどありませんでした。しかし、SNSに
おいては、近年の成分重視トレンドの影響もあり、スキン
ケアアイテムは、メイクアイテム以上に「研究力・研究資
本のある大手メーカーのもののほうが信用できる」という

パーセプションが形成されていました。

After（理想的なパーセプション）

「この商品は、スキンケア大手のものではないが、研究力や効果が信用できる」

　スキンケアアイテムは、実際に肌で試さなければ、相性や効果がわからないため、信頼感が非常に重要になります。そのため、大手メーカーのものではなくても「研究力や効果が信用できる」という認識を持ってもらうことが理想的な状態と言えます。

変換ファクター
（「Before」から「After」にパーセプションを変換させるファクター）

「代表が肌にベストなものを探ってヒト幹細胞成分に行き着いたという研究ストーリー」

　シートマスク A は、メーカーやブランドの認知度こそ低いものの、大手メーカーに負けない強いこだわりを持って開発された商品でした。そもそも、ブランド自体が、代表自身のアトピー肌経験から生まれたものであり、自らの肌を実験台に、時には医師・博士の協力も得ながら理想を追い求めた結果、誕生したのがシートマスクをはじめとした現在展開中のアイテムだったのです。そして今、代表者は、アトピーだったとは思えない陶器のような美しい肌の持ち主へと変貌を遂げています。こうした研究ストーリーと、それを裏付ける代表の肌こそが、パーセプションチェンジ

の大きなファクターになる可能性があります。

（4）カテゴリパーセプション
Before（現状のパーセプション）
「シートマスクはスキンケアの中でルーティン化したほう
が良い」

　SNSを見ると、ここ数年で、「シートマスクはスキンケア
の中でルーティン化したほうが良い」というパーセプショ
ンが目立ってきていることがわかりました。また、その背
景には、「ルーティン化したほうが肌の調子が良い状態を持
続させられる」という考えがあることも見えてきました。
シートマスクAは、デイリーケア用に使う価格設定ではな
いため、「ルーティン化したほうが良い」というパーセプ
ションは、購入の妨げにつながる可能性があります。

▼

After（理想的なパーセプション）
「この商品は毎日のルーティンで使わなくても、効果が持
続できそうだ」

　これを変換するためには、毎日使う「ルーティンケア」
に組み込まない、たまに使う「スペシャルケア」であって
も、シートマスクAであれば「十分に効果が持続して、調
子の良い肌がキープできる」という認識を得る必要があり
ます。

> 変換ファクター
> (「Before」から「After」にパーセプションを変換させるファクター)

「毎日使わなくても効果が持続するオリジナルメソッドの提案」

　シートマスクＡは、過去のモニター調査において、数日間集中的にシートマスクを使うことで、その後普通のケアに戻しても肌の調子の良さが続くという結果を得ていました。これを「効果が持続しやすいオリジナルメソッド」として提案することで、毎日使わなくても、調子の良い肌がキープできる期待感を生めると考えられます。

（5）選択パーセプション

Before（現状のパーセプション）

「より美的好奇心をくすぐられるものを選択したい」

　現在、消費者の美容に対する知識レベルや関心度は、昔と比べて大きく高まっています。だからこそ、シートマスクを探しているSNSユーザーの声を見ていても、「より美的好奇心をくすぐられるものを選択したい」というパーセプションが目立ちました。

After（理想的なパーセプション）

「この商品には、今まで知らなかった新しい成分・技術が使われているから美的好奇心をくすぐられる」

　美的好奇心を満たす方法のひとつとして、成分・技術の新しさを認識してもらえれば、興味や期待感にも結びつき

やすいと想定できます。

変換ファクター
(「Before」から「After」にパーセプションを変換させるファクター)

「注目の新成分"DAWNERGY™ ペプチド"にフォーカスした発話」

　シートマスクＡは、前述の通り、メイン成分である「ヒト幹細胞培養液」にフォーカスをしていましたが、実は「DAWNERGY™ ペプチド」という特殊な成分も配合していました。「ペプチド」自体は非常にメジャーな美容成分なのですが、「DAWNERGY™ ペプチド」はリポテック社が開発した新成分で、熟睡した翌朝のようなツヤを引き出す特徴を持っています。ローンチ当初は、日本では「DAWNERGY™ ペプチド」の認知がないことをふまえて、積極的な訴求をしていませんでしたが、日本の消費者たちのあいだで成分への関心が高まっている現在であれば、「DAWNERGY™ ペプチド」の新規性がむしろパーセプションチェンジのきっかけになる可能性があります。

(6) ベネフィットパーセプション
Before（現状のパーセプション）

「シートマスクは肌に潤いを与えるものだ」

　SNSでのパーセプション抽出によって、シートマスクユーザーの中には「シートマスクは肌に潤いを与えるものだ」という思い込みを持っている人が多いことがわかりました。

▼

After（理想的なパーセプション）

「この商品は肌に潤いを与えるだけのものではないから、
より効果が期待できる」

　しかし、シートマスクAは、ローションマスク状（化粧
水を閉じ込めたシートマスク）ではなく、クリームマスク
状（濃密クリーム状の美容液を閉じ込めたシートマスク）
であり、肌に潤いを与えるだけにとどまらず、それ以上の
美容効果が期待できるアイテムです。そのため、「保湿を
する"だけ"ではない、だからこそ効果が期待できる」と
いうパーセプションを新たに形成する必要があると言えま
す。

変換ファクター
（「Before」から「After」にパーセプションを変換させるファクター）

「シートマスクの種類・目的・選び方を解説した美容賢者
の発話」

　Beforeのパーセプションを、Afterのパーセプションに
変換するためには、シートマスクは「求める効果によって
選び方が変わる」という大前提を知ってもらうことが重要
になります。潤いがほしいだけであれば、ローションマス
ク状のパックでも十分ですが、「潤いだけでなくハリ・ツヤ
を求める」場合には、クリームマスク状のAがぴったりな
のも事実です。このように、シートマスクの目的と、選び
方のポイントをセットで伝えることで、効果への期待感や

投資意欲は大きく変わってくると考えられます。また、この発話者を、企業ではなく、美容分野において信頼されているキーオピニオンリーダーとすることで、説得力もより強められると想定できます。

（7）マイナスパーセプション

Before（現状のパーセプション）

「シートマスクの中でも、韓国製のものは肌に合わない」

　シートマスクユーザーの中には、「韓国製のシートマスクを使ったが肌に合わなかった」という経験を持っている人が少なくありませんでした。スキンケア商品は、どうしても肌に合わないことがありますが、韓国製のシートマスクを使って肌が荒れると「その商品が合わなかった」のではなく、「韓国製のシートマスクが合わなかった」と、ひとくくりにして認識する人が多かったのです。

▼

After（理想的なパーセプション）

「この商品は、肌が弱い人・敏感な人こそ使うべきシートマスクだ」

　そして、こうした経験を持つ人の、過去のSNS投稿を掘り下げると、もともと肌が敏感で、スキンケアで刺激を感じやすい傾向にあることが見えてきました。そのため、パーセプションチェンジにあたっては、「韓国スキンケア」ではなく「商品そのもの」に視点をシフトすること、また「自分のような肌が弱い人・敏感な人こそ使うべきシートマ

スク」と認識してもらうことで、商品を使うことに安心感を与える必要があると言えます。

変換ファクター
（「Before」から「After」にパーセプションを変換させるファクター）

「肌が弱い人も含めた高評価レビュー」

　一方で、こうした肌が弱い人・敏感な人が、どのようにスキンケアを選ぶかに注目すると、自分と同じような肌質の人のレビューを参考にしていることが多い傾向にありました。逆に考えると、自分と同じ肌タイプの人が、商品を高評価していたら、商品への信頼も大きくアップするでしょう。

　シートマスクAは、開発者がもともとアトピー肌であり、自分でも安心して使うことができ、かつ肌の調子が上向きになる商品としてこのシートマスクを開発したという背景があることは先に書いた通りです。また、日本でのモニター調査でも、敏感肌の人も含めて「肌の調子がとても良くなった」と高評価を得ていました。

　そのため、敏感肌を公言しているインフルエンサーに商品を体験してレビューしてもらう、クチコミサイトで敏感肌の方を中心としたモニター企画を行うなどの方法で、肌が弱い人、敏感な人にも評価されていることを可視化することが、パーセプションチェンジのひとつの方法になりそうです。

（8） トレンドパーセプション

Before（現状のパーセプション）

「シートマスクは、成分を重視して選ぶべきだ」

　スキンケア分野では、ここ数年で「成分」を重視するトレンドがあり、シートマスクを選ぶ際にも、配合成分を見て商品をチェックしている人が増えていることがSNSを通じてわかりました。こうしたパーセプションは、成分に強みのある商品であれば購入の「ストッパー」になることはありませんが、消費者の期待を上回る必要があるという「ハードル」にはなり得ます。

After（理想的なパーセプション）

「この商品には、気になる成分が含まれており効果が期待できそうだ」

　消費者の成分に関する情報や知識と照らし合わせた時に、納得感・期待感を持たせ、「気になる成分が含まれており、効果が期待できる商品だ」というパーセプションを得ることが重要になってきます。

変換ファクター
（「Before」から「After」にパーセプションを変換させるファクター）

「ナイアシンアミドなどサブ成分を含めた、成分フォーカスの発話」

　シートマスクAがこれまで強調していたのは、先述の通りメイン成分である「ヒト幹細胞培養液」のみでした。こ

の美容成分は、多くの成長因子を含み、肌細胞を活性化させる効果が期待できるものです。美肌ケアにおいては非常に有効な成分なのですが、美容好きのあいだで話題になったのは2015〜2018年頃であり、それ以降はやや注目度が下がっている状況でした。

　しかし、シートマスクAには、「ヒト幹細胞培養液」だけではなく、現在の「成分重視トレンド」を牽引しているナイアシンアミドという成分も含まれています。特に成分を重視してスキンケアを選ぶ美容好きの注目度を高めるうえでは、サブ成分であるナイアシンアミドなど、トレンドに合った訴求も意識することが重要と考えられます。

（9）ソーシャルパーセプション
Before（現状のパーセプション）

「コロナが収束し、脱マスクが進んでいるから、肌のために何かしたい」

　コミュニケーション設計時は、新型コロナウイルスの感染状況が落ち着き、脱マスクに向けてスキンケアに投資意欲を見せる人が多い状況でした。しかし、SNSでは、シートマスク以外のスキンケアアイテムを探している声、さらには美容医療や美顔器への投資を検討する声も多数見られており、「何かしたほうがいいと思っているけれども、シートマスクはその選択肢として上がっていない」様子が見受けられました。

▼

After（理想的なパーセプション）

「この商品は、脱マスクに向けて肌のレベルを上げるうえ
で、優先的に投資すべきものだ」

　肌のレベルを上げるうえで考えうるたくさんの美容法・
サービスと比べても、「シートマスクＡを使うこと」のメ
リットや意味合いが認識されている状態が目標であると言
えます。

変換ファクター
（「Before」から「After」にパーセプションを変換させるファクター）

「美容医療ユーザーも含めた高評価レビュー」

　肌のレベルを上げるために最も効果的な方法として想起
されるのは「美容医療」です。スキンケア・エステ・美顔
器などと比べても、大きな美容効果があるというイメージ
を持つ人も多いでしょう。だからといって、シートマスク
Ａが「美容医療と同じ効果がある」という訴求をすること
は、薬機法の制限もあり困難です。

　しかし、美容医療ユーザーに商品を評価してもらうこと
自体は可能です。定期的に美容医療を受けている人は、美
容において特に効果を重視している人だと言えます。そう
した人に「脱マスクに向け、美容医療に加えてケアに使え
るシートマスク」として商品を紹介してもらうことができ
れば、見ている人の投資意欲も変わってくるのではないで
しょうか。また、「美容医療と同じ効果」とは言えなくと
も、「美容医療をしている人も必見！」「美容医療よりもコ

スパが良い」「美容医療のダウンタイム中も使える」など、美容医療と紐づけて訴求を行うことで、効果を想起させる工夫は可能と考えます。

「ビンゴの穴があく」具体的なイメージ

　上記の過程で導き出した「変換ファクター」が機能し、パーセプションが変化することを、ビンゴ型コミュニケーション設計においては、「ビンゴカードに穴があいた」と捉えます。複数の「変換ファクター」を押さえることが、複数の「買う理由」、つまり「UBP」を生み、結果としてたくさんの「ビンゴ（購買）」につながるイメージです。

　例えば、現在リーズナブルな大容量シートマスクを使っているXさんであれば、「シートマスクの種類・目的・選び方を解説した美容賢者の発話」「投資をしたくなるような実感が持てる体験機会の増加」「毎日使わなくても効果が持続するオリジナルメソッドの提案」などの変換ファクターを押さえることで、「安いシートマスクとは全然違うものだから買う」というUBPが生まれると想定できます。

　また、スキンケアを成分で選んでいるYさんなら、「代表が肌にベストなものを探ってヒト幹細胞成分に行き着いたという研究ストーリー」「注目の新成分 "DAWNERGY™ ペプチド" にフォーカスした発話」「ナイアシンアミドなどサ

ブ成分を含めた、成分フォーカスの発話」など、成分に絡めた情報を多数届けることで、「こういう成分が入っているなら効果が期待できそうだから買う」という UBP がつくれるかもしれません。

一方で、新しい美容法を試したいスキンケアフリークのZさんは、「シートマスクの種類・目的・選び方を解説した美容賢者の発話」「注目の新成分 "DAWNERGY™ ペプチド" にフォーカスした発話」「美容医療ユーザーも含めた高評価レビュー」などの変換ファクターを押さえることで、「今使っているシートマスクよりも効果が期待できそうだから買う」という UBP につながりそうです。

複数のカードで
同時に穴をあけるファクターも存在する
———

なお、実際のビンゴにおいて同じ番号で複数の人の穴があくように、「ビンゴ型」コミュニケーション設計でも、複数のカードの穴をあけるファクターが存在します。

先ほどの例で言うと、「シートマスクの種類・目的・選び方を解説した美容賢者の発話」はXさん・Zさん共通の変換ファクター、「注目の新成分 "DAWNERGY™ ペプチド" にフォーカスした発話」は、Yさん・Zさん共通の変換ファクターです。複数のビンゴカードに共通しそうな変換ファクターを押さえる施策に予算を投下することで、ビンゴが

揃いやすいカードを増やすことができると言えます。

消費者によって、持っているカードは違う

先ほどのXさん・Yさん・Zさんの例はあくまでも、わかりやすい購買（ビンゴ）のパターンのイメージであり、実際には、このような3パターンのみにわかれるわけではありません。消費者の数だけ購買に必要な変換ファクターの組み合わせは異なるはずです。消費者によって持っているビンゴのカードは違うということを意識しておく必要があります。

さらに言えば、設定した変換ファクターではビンゴのカードの穴があかない（パーセプションが変わらない）人もいるでしょう。重要なのは、なるべく多くのパーセプションチェンジにトライして、少しでも多くの人のカードを、ビンゴに近づけることにあります。一度のプロモーションではビンゴに至らなくても、注目するパーセプションを別のものにしたり、変換ファクターを変えたりと、チャレンジを重ねることで穴があく数は増やせると考えられます。

ターゲットの解像度を上げること・
新しいターゲットを発見することにもつながる

「ビンゴ型」コミュニケーション設計は、ターゲットの解像度を上げることにも役立ちます。例えば、シートマス

クAの場合は、コミュニケーション策定前のターゲットイメージは「美容感度が高い人」といったざっくりとしたものでした。しかし、広くパーセプションを抽出し、変換ファクターの組み合わせからターゲットを逆算したことで、先ほど例に挙げたような「現在リーズナブルな大容量シートマスクを使っている人」「スキンケアを成分で選んでいる人」「新しい美容法を試したいスキンケアフリークの人」など、購買が狙えるターゲットの解像度を大きく上げることができました。

　また、その他にも、「肌が弱いけれども効果にこだわりたい人」「美容医療を受けた後の、肌の調子をキープしたい人」など、新しいターゲットを発見するヒントにもつながりました。

　Beforeのパーセプション抽出時点から、特定のターゲットの声だけを拾うという方法もありますが、あえて広くパーセプションを抽出することで、ターゲット像が具体化できたり、新しいターゲットが見つかったりという、プラスアルファのメリットがあります。

　特に近年は、市場の多様化・細部化に合わせて、既存のマスより小さいけれども、一定のボリュームを持つ「スモールマス」に向けてマーケティングを行う戦略が注目を集めています。「ビンゴリスト」の要素を組み合わせたビンゴカードからターゲットを逆算する方法は、こうした「ス

モールマス」を見つけるプロセスとしても役立つでしょう。

シートマスク A の
具体プロモーション例

——

　次に、できあがった「ビンゴリスト」をもとに作成したプロモーション施策の例をご紹介します。シートマスク A の場合、「ビンゴリスト」をつくるプロセスを通じて、9 つの変換ファクターが見えてきました。

| シートマスク A の「変換ファクター」

「消費者が購入しやすい売り場の確保」

「投資をしたくなるような実感が持てる体験機会の増加」

「代表が肌にベストなものを探ってヒト幹細胞成分に行き着いたという研究ストーリー」

「毎日使わなくても効果が持続するオリジナルメソッドの提案」

「注目の新成分 “DAWNERGY™ ペプチド ” にフォーカスした発話」

「シートマスクの種類・目的・選び方を解説した美容賢者の発話」

「肌が弱い人も含めた高評価レビュー」

「ナイアシンアミドなどサブ成分を含めた、成分フォーカスの発話」

「美容医療ユーザーも含めた高評価レビュー」

これら9つすべてを、ひとつずつ施策として落とし込んでいくやり方もありますが、近しい要素をグルーピングすることで、より効率的なコミュニケーションを目指すことができます。

「成分にこだわり抜いたシートマスク」としての訴求

　9つの変換ファクターを並べてみると、まず「美容成分」に関連するファクターが多いことに目が留まります。

・「代表が肌にベストなものを探ってヒト幹細胞成分に行き着いたという研究ストーリー」
・「注目の新成分 "DAWNERGY™ ペプチド " にフォーカスした発話」
・「ナイアシンアミドなどサブ成分を含めた、成分フォーカスの発話」

　これら3つは、「成分にこだわり抜いたシートマスク」として、まとめて訴求を行うことで、効率的にパーセプションチェンジのきっかけをつくれそうです。

「シートマスクの使い方」にフォーカスした訴求

　また、以下の2つは、どちらも「使い方」に関連するという共通点がありました。

・「シートマスクの種類・目的・選び方を解説した美容賢

者の発話」
・「毎日使わなくても効果が持続するオリジナルメソッド
　の提案」

　これらについても、セットで訴求を行うことにより、保
湿目的のシートマスクとは異なる立ち位置で、かつ効果の
持続が期待できるアイテムとして、より強い印象を残しつ
つ、パーセプションチェンジにつなげられる可能性があり
ます。

発話者を工夫したレビュー施策

　また、以下の2つは、「レビュー」という具体手法が共通
しています。

・「美容医療ユーザーも含めた高評価レビュー」
・「肌が弱い人も含めた高評価レビュー」

　商品のレビューを書き込んでもらうためには、モニター
やインフルエンサーに商品を配布する、一般消費者を巻き
込んだプレゼントキャンペーンを行う、美容メディアなど
の会員にサンプリングを行うなどの施策が考えられます。
美容医療ユーザーや、肌が弱い人を優先して抽出できるよ
うなメニュー・サービスがあれば、上記の2つは同時に進
行することができます。

販路の見直し、体験機会の増加

　逆に、グルーピングができないファクターが出てくることもあります。

・「消費者が購入しやすい売り場の確保」
　（「売り場パーセプション」の変換ファクター）
・「投資をしたくなるような実感が持てる体験機会の増加」
　（「コストパーセプション」の変換ファクター）

　これらについては、無理に統合する必要はありません。「消費者が購入しやすい売り場の確保」⇒美容アイテムの購入が多いプラットフォーム（Amazon、楽天、Qoo10など）での販売、「投資をしたくなるような実感が持てる体験機会の増加」⇒サンプルの配布、アイテムを購入した人へのおまけ付与などを検討するイメージです。

　以上の施策を、どれくらいのスパンで、どれくらいの規模で行うかについては、ブランドの予算やステージによって変わってきます。一気にやることが難しい場合は、優先順位をつけて、ひとつずつビンゴの穴をあけていけば大丈夫です。優先順位を設定する考え方としては「できそうなことを優先する」「よりパーセプションチェンジを起こせそうなものを優先する」のいずれかになるかと思います。

シートマスク A で実際に行った施策

　シートマスク A の場合は、これまでに以下のような施策を行ってきました。

2023 年 5 月

販路の見直し

　はじめに、Qoo10 での出店を開始しました。Qoo10 は、「メガ割」という大規模キャンペーンで若い女性を中心に人気を集め、今流通額が急増している総合 EC モールです。Amazon や楽天など、他にも流通額の多い EC モールはありますが、Qoo10 はトップシェアカテゴリが「ビューティ・コスメ」であり、美容アイテムを探している人にとって「より購入しやすい販路」であると考えました。美容メディアのユーザー調査でも、Qoo10 はコスメ購入先 EC として、他の有名モールを抑えてトップとなっています。

2023 年 6 月

発話者を工夫したレビュー施策

　Qoo10 の人気キャンペーン「メガ割」のタイミングに合わせて、普段から美容医療施術を行っているインフルエンサー、敏感肌向けのケアについて情報発信をしているインフルエンサーを起用し、レビューを交えた投稿施策を実施。

美容医療ユーザーや、敏感肌のターゲットが、「この人が言うなら、確かに自分にぴったりかも」と思えるような情報発信を行いました。

2023 年 9 月

「成分にこだわり抜いたシートマスク」としての訴求

その後、再度「メガ割」のタイミングで、美容に関する知識や審美眼が信頼されているインフルエンサーをキャスティング。シートマスクに含まれるこだわりの成分をそれぞれの視点で紹介いただきました。また、インフルエンサーのお墨付き感を出すために、シートマスクを含めたインフルエンサーとの「コラボセット」を売り出すなどの展開も行いました。

体験機会の増加

また、「メガ割」で他アイテムを購入した顧客に対して、シートマスクを無料プレゼントする企画も実施。お得感を演出することで他アイテムの購入促進につなげつつ、シートマスクの効果を実感する機会を設けました。

上記のプロモーションを通じて、シートマスクの新規顧客は大幅に増加。特に、新しく販路として設定した Qoo10 においては、各プロモーション施策を「メガ割」の時期に合わせて実施したこともあり、これまでブランドと接点の

なかった顧客を大幅に誘引することに成功しました。特に2023年9月の「メガ割」では、期間中の購入者の93％がブランドの新規顧客という結果になっています。ビンゴ型コミュニケーション設計を通じて、多数のパーセプションチェンジができたことで、多くの消費者を購入につなげることができました。

　一方で、まだまだ顧客拡大のポテンシャルはあると考えられるため、上記で抽出した「変換ファクター」を引き続きベースにしつつ、PDCAを回していくことで具体手法をさらに改善し、より変換の精度を上げていく予定です。

「ビンゴリスト」のつくり方まとめ

　以下のフォーマットに沿って、実際にビンゴリストをつくってみましょう。

【1】 Before の抽出

　「NINE パーセプション」の 9 つの切り口で、現状のパーセプション＝「Before」を抽出する

　「NINE パーセプション」のフレームワークを用いて、SNS 分析などによって「Before」の状態のパーセプションを抽出します。9 つの項目それぞれに対して、1 つ以上「Before」の状態のパーセプションを拾っていきましょう。いずれも、企業の妄想ではない、リアルでフラットな消費者のパーセプションという点が重要です。繰り返しになりますが、USP からの逆算ではなく、SNS 分析などを通じて実際の声をもとに考えるようにしてください。

（1） 売り場パーセプション

　1 つ目は「売り場に関する認識」です。「○○で売っている商品は、こういうものが多い」「××で買う場合、これを我慢しなければならない」といった、購入場所に紐づく消費者のパーセプションを抽出します。

（2）　コストパーセプション

2つ目は「コストに関する認識」です。他の商品と比べて、安いのか、平均的なのか、高いのかで、消費者のイメージも変わってきます。それぞれの価格帯の商品に対して、消費者がどのようなパーセプションを持っているのかを把握しましょう。

（3）　企業パーセプション

3つ目は「企業に関する認識」です。販売元の企業のイメージは、商品そのもののイメージも左右します。認知度が高い企業であれば「企業自体がどのように消費者に認識されているか」、認知度が低い企業であれば「認知度の有無で、どのようなパーセプションの違いが生じるのか」を確認すると良いでしょう。

（4）　カテゴリパーセプション

4つ目は、「カテゴリの類似商品に関する認識」です。類似商品のイメージが、自社商品のイメージにも影響することは多くあります。特に、売上トップブランドの商品や、SNSで話題を牽引している商品のイメージは、目に触れる機会が多いぶん、消費者のパーセプションを大きく左右します。消費者が、類似商品を通じて、どのようなカテゴリパーセプションを形成しているのかをチェックしましょう。

（5）選択パーセプション

5つ目は「商品の選び方に関する認識」です。そのカテゴリの商材を選ぶとなった場合にどれを買うかという「選び方」のパーセプションをチェックします。

（6）ベネフィットパーセプション

6つ目は「ベネフィットに関する認識」です。ベネフィットというと、購買につなげるうえでは一見ポジティブな認識に見えますが、消費者が期待しているベネフィットと商品で実際に得られるベネフィットに「ズレがある」場合や「差がある」場合は、かえって購買から遠ざかってしまうことがあります。

（7）マイナスパーセプション

7つ目は「マイナスポイントに関する認識」です。（6）とは逆で、消費者が認識しているネガティブなポイントとなります。消費者の購入にあたってのストッパーになっている要因はないか、という視点でカテゴリ商材のパーセプションをチェックすると良いでしょう。

（8）トレンドパーセプション

8つ目は「トレンドに関する認識」です。消費者のパーセプションは、流行によっても左右されます。その商材にまつわるトレンドを、消費者がどのように認識しているかを確認しましょう。

(9) ソーシャルパーセプション

9つ目は「社会情勢に関する認識」です。社会・世の中の動きをふまえた時に、購買に影響する可能性のある消費者のパーセプションを見つけましょう。

図28 9項目の「Before= 現状のパーセプション」を抽出

カテゴリ	Before
①売り場パーセプション	
②コストパーセプション	
③企業パーセプション	
④カテゴリパーセプション	
⑤選択パーセプション	
⑥ベネフィットパーセプション	
⑦マイナスパーセプション	
⑧トレンドパーセプション	
⑨ソーシャルパーセプション	

「NINEパーセプション」をもとに抽出した消費者の「現在のパーセプション」を書く

【2】 After の設定

抽出した現状＝「Before」のパーセプションが、どのような状態になれば購入に近づくかを考えて、目標＝「After」を設定する

「NINEパーセプション」をもとに、9つの項目それぞれに対する消費者の「Before= 現状」のパーセプションが抽出できたら、次は「After ＝理想」のパーセプションを設定します。「Before」のパーセプションは、購入の妨げやハードルになっている消費者の認識ですので、それがどのように変化していたら購買に結びつくのかを考えましょう。

図 29 「After =理想のパーセプション」を設定

カテゴリ	Before	After
①売り場パーセプション		→
②コストパーセプション		→
③企業パーセプション		→
④カテゴリパーセプション		→
⑤選択パーセプション		→
⑥ベネフィットパーセプション		→
⑦マイナスパーセプション		→
⑧トレンドパーセプション		→
⑨ソーシャルパーセプション		→

「Before」の状態のパーセプションをどのような状態にすべきかを考えて「After」のパーセプションを埋める

【3】 変換ファクターの検討

どのようなファクターがあれば、「Before」のパーセプションを「After」に変換できるかを検討する

「Before」と「After」それぞれのパーセプションを整理したら、次はどのようなファクターがあれば「Before」の認識を「After」の認識に変換できるかを検討します。具体的には、パーセプションの変換につながる「商品USP」を探す、またはパーセプションの変換につながる「施策」を探すということになります。

なお、変換ファクターを導く際には、できる限り、その商品を担当する多くの部署から意見をもらうことをおすすめします。

図 30 「変換ファクター」は、Before → After を実現する
「商品 USP」もしくは「施策」

「Before」の状態を「After」に
変換するファクターを検討する

カテゴリ	Before	After	変換ファクター
①売り場パーセプション		→	
②コストパーセプション		→	
③企業パーセプション		→	
④カテゴリパーセプション		→	
⑤選択パーセプション		→	
⑥ベネフィットパーセプション		→	
⑦マイナスパーセプション		→	
⑧トレンドパーセプション		→	
⑨ソーシャルパーセプション		→	

SNS 施策の効果を可視化する
「熱量分析」とは

　ここまで、本書では SNS を用いた具体プロモーション施策を中心に紹介してきました。特に to C ブランドであれば、予算の配分の違いはあれ、何かしらの SNS マーケティングを行っていることと思います。一方で、SNS マーケティングの大きな課題は、その施策成果、とりわけパーセプションチェンジに寄与していたかを定量化しづらいことでした。

　その課題を解決する仕組みが、トレンダーズで開発している SNS の「熱量分析システム」です。これは AI のディープラーニング、転移学習（学習済みの知識の別領域への応用）のテクノロジーを使って独自に "SNS 投稿内容の熱量" を測定するものです。さらに、熱量の種類を「愛用」「感動」「推奨」「評価」「本音」の 5 軸でカテゴライズすることで、どのような熱量傾向があるかをスコア化します。

　施策に対するパーセプションチェンジが起こせたならば、必然的に SNS での発話にも変化が生じるため、ブランド名や商品名を含む投稿内容も、施策前後で熱量に違いが出てくるはずです。SNS 投稿の熱量に変化があったかを検証することで、パーセプションチェンジが起こせていたかを可視化することができ、ビンゴマーケティングの効果検証もしやすくなると考えられます。またその他の強みとして、競合と

の比較もしやすくブランドの現在地を把握できる点や、5つの判定軸があることで今後どういった面を伸ばしていけばいいかの議論もしやすくなる点が挙げられます。

この「熱量分析」から導き出される「熱量スコア」は、あるブランドでは SNS の投稿量以上に購買との関連性が高かったという分析結果も出ており、その観点からも SNS マーケティング施策におけるひとつの統一指標になり得るものであると考えています。

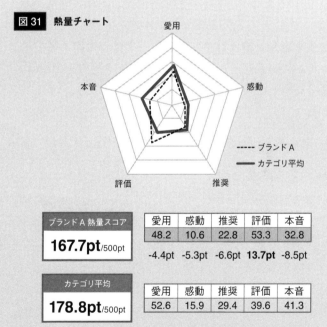

図31　**熱量チャート**

----- ブランド A
—— カテゴリ平均

ブランド A 熱量スコア	愛用	感動	推奨	評価	本音
167.7pt/500pt	48.2	10.6	22.8	53.3	32.8
	-4.4pt	-5.3pt	-6.6pt	**13.7pt**	-8.5pt

カテゴリ平均	愛用	感動	推奨	評価	本音
178.8pt/500pt	52.6	15.9	29.4	39.6	41.3

「熱量分析」によって出された熱量チャートの例。指定ワードを含む SNS 投稿を「愛用」「感動」「推奨」「評価」「本音」の5つに分類、熱量の傾向をスコア化する。

「NINE パーセプション」は組織の課題を解決する切り札にもなる

横山隆治×橋本菜々子 (トレンダーズ)

本書で紹介してきた「NINE パーセプション」は、「ビンゴ型」コミュニケーション設計を考案した横山隆治氏と、SNS マーケティングに精通するトレンダーズとの出会いから生まれた。横山氏とトレンダーズの橋本菜々子氏に、メソッドの開発秘話からマーケティングの現場での活用方法までを語ってもらった。

既存のメソッドに「ダウト」をかけたっていい

横山：「ビンゴ型」コミュニケーション設計は僕が考案したものですが、実践できるメソッドとして完成させるには、トレンダーズさんの「NINE パーセプション」や SNS 分析のスキルが必要でした。クライアントと一緒に実践しながら作り込んできて、いよいよ多くの方に使っていただけるものになったと思っています。

　僕は 40 年近く広告業界で仕事をしていますが、昔は広告はセオリーのない世界でした。でも今は様々なモデルやメソッドがある。基本の考えをベースに持つことが仕事を

するうえで助けになると感じています。

橋本：トレンダーズは、SNS を中心としたデジタルマーケティング事業を展開しています。私たちはこれまで日々の業務の中で様々なマーケティングメソッドを当たり前のように使ってきました。その時々に取り組んでいる案件に対して、既存のメソッドから今回はどれが使えそうかと考えてやってきたんです。

　ただ、ここ数年で「必ずしもそれですべて収まらないのではないか」という思いが大きくなってきて。特に違和感があったのが、「ターゲット全員が同一のジャーニーを歩む」ことを前提としたジャーニー型の設計メソッドです。生活者への調査を重ねるほど、同じ属性と判断されるターゲットでも、購買プロセスに影響をおよぼす要素は人によって大きく異なることがわかってきました。ターゲットを「行動パターン」で分類する独自の分析メソッド「インフルエンスファクター」を考案したのもこうした背景からで、違和感を解消するためのアプローチをこれまでも模索してきました。

　そんな中で出会ったのが、横山さんが提言する「ビンゴ型」コミュニケーション設計です。横山さんの「順番ではなくて組み合わせなんだ」という言葉が気づきになりました。何より、よく知られたメソッドに対して「ダウト」と言ってもいいんだ、というのが私たちにとっては大きな発見で。そこから、「ビンゴ型」コミュニケーション設計を

マーケティングの現場で活用できるものにするべく、開発をご一緒してきました。

横山：「ビンゴ型」コミュニケーション設計は、カスタマージャーニーや、マーケティングファネル的な考え方への対比として考案したものです。ジャーニーのような「双六型」ではなく、多様な人と複数のパーセプションの組み合わせで購買行動が起きていく状態を、「ビンゴゲーム」のように整理する。購買行動パターンが複雑化する中で、消費者がすべて同じステップを踏んでいくというジャーニーは、もはや実質的に破綻しています。

　一方で、ファネルのもととなった態度変容モデルの「AIDMA」は、サミュエル・ローランド・ホールというアメリカの広告業界の人が100年近く前に言い出したモデルです。それ以来、消費者心理の態度変容の説明モデルはいつも「A（認知）」から始まってきました。でもSNSを見ていれば、そうでなくなってきていることは明らかですよね。

　ただし、テレビとSNSには密接な関係があります。元々、僕とトレンダーズが一緒に仕事をするようになったきっかけも、橋本さんたちから「テレビのことがわからないから教えてほしい」と相談を受けたことでした。SNSのマーケティングをするにも、テレビのことを知る必要が生まれている。僕は昔からやっているからテレビのことはよくわかる。けれど逆にSNSは詳しくなかったから、今回の開発

の過程で学びもすごく多かったし、楽しく仕事をさせてもらっています。

実は、「順列ではなく組み合わせ」だと発想する最大のヒントになったのも、トレンダーズさんの「インフルエンスファクター」の中にある「ディスカバリー」（SNS で情報に出会った瞬間に直感的に好き／良いと感じて購買につながるタイプの購買行動。20 ページに解説図）なんですよ。

橋本：そうだったんですね！ありがとうございます。

横山：僕にはあの項目をつくる発想はなかった。今の人は「タイパ」なんて言葉もあるように、時間をかけて購買意欲を醸成するよりも、一瞬で「これは自分のもの」って決めている。それなら時間的に順を追ってフローで考えるのは違うんじゃないか、「ディスカバリー」の発想はそうではないよねという気づきが起点になりました。

「UBP」の時代にフィットする方法論

橋本：これまで、ウェブ上ではユーザーは常に主体的で、その象徴的な行動が「検索」だと言われてきました。一方で、SNS はプラットフォームのレコメンド機能が優秀なので、受動的な態度であっても、欲しいもの、欲しくなるものが常に目の前に用意されます。こういったアプローチは、SNS が生まれる前にはなかった。「ディスカバリー」は、

SNSからしか生まれない発想だったと思います。

　「ビンゴ型」コミュニケーションを実践していく上では、どうすれば意図して「ディスカバリー」の購買行動を生み出すことができるのか、が問題でした。

　AIでクリエイティブを量産してSNSに投下すれば、成果の出るクリエイティブが何かはわかるかもしれません。しかし闇雲にテストをするのではない方法で、狙って購買行動を引き起こしていけるようなアプローチはないだろうか？と私たちは考えました。そう考えていくと、私たちが狙って変えていきたいのはやはりパーセプションであり、では狙うべきパーセプションはどう絞り込むか？ということでたどり着いたのが「NINEパーセプション」です。

横山：9つにまとめるまでは、大変だったでしょう。

橋本：すごく難しかったです。けれど、それまで感覚的にやってきたことを9つの項目にまとめられたのは、プロセスも含めて大きな経験になりました。

　当初は「企業」や「売り場」についての項目は、考えていなかったんです。これまでトレンダーズで関わることがほぼなかった領域だったので、私たちに解決策の提示ができなかったからです。しかし、SNSを分析すればするほど、企業が元々持っている資産との掛け算で商品の見え方は変わってくることがわかってきた。デパートに売っているのか、ドラッグストアに売っているのか、量販店に売ってい

るのかでも全然違うという事象がどんどん出てきました。

そこを横山さんと相談しているうちに、私たちが提案する場面で使うだけではなく、誰にでも使ってもらえる本質的なものを目指すべきだと考え直して、今の「NINE パーセプション」ができました。

横山:昔から、「マーケティングコミュニケーション」というのは「マーケティングの輪」と「コミュニケーションの輪」の2つの輪が重なる部分を見つけなければいけない、と説明されてきました。

「マーケティングの輪」は送り手側の思惑、そして「コミュニケーションの輪」の裏側にあるのがパーセプションです。パーセプションには、商品・企業イメージ・販路などいろいろな種類があって、それがコミュニケーションの材料になる。2つの輪が常に動きながら生み出す、重なりを見つけるのがマーケティングコミュニケーションで、だから広告会社はコミュニケーションに強くなければならないと言われてきたんです。

広告会社はクライアントに対して、メディアが持っている消費者の情報を提供し、適切なコミュニケーションをつくってきました。その大きな流れは今も変わっていません。ただ、「USP（ユニーク・セリング・プロポジション）」から「UBP（ユニーク・バイイング・プロポジション）」の時代に変わった時に、SNS を使って消費者を直接見ているトレンダーズさんのような存在が登場して、そちらのほうが

消費者を理解しているということが起きてきた。

　今回の本で太字にする言葉があるとしたら「UBP」だと僕は思っています。USPは「顧客に対して自社ブランドだけが提供できる価値」、UBPは「自分だけが見抜いているこのブランドの価値」です。売り手起点の発想から、消費者側にとっての価値を設定していく発想に切り替えることを、この言葉でうまく定義できたと思います。SNSって消費者インサイトの塊みたいなものだから、トレンダーズさんのようにSNSマーケティングをしている人は、この考え方はわかりやすいんじゃないかな。

橋本：はい。私たちはSNSをずっと見ているので、自然に頭がUBPを起点に考えるようになっていると思います。

横山：USP時代は売り手側の言いたいことを汲みとって、ベネフィットとなる要素を「刺さるメッセージ」などで訴求することが広告屋の仕事だったんだけど、UBPの今は、それよりも「いいね！」がつくような投稿やハッシュタグのほうが消費者に受ける。むしろ「売らんかな」の強い表現は好まれなくて、同じ立場のユーザーが発した言葉のほうが「沁みる表現」になっている。それをどう伝えていくかがこれからの仕組みだと思います。昔は「広告はラブレターなんだ」とか言っていたけど、今そんなこと言われたら、うっとうしいよね（笑）。

橋本：リアルでラブレターを渡すこと自体もないですものね（笑）。

組織や立場を超えた「共通言語」として活用できる

横山：SNSってマーケティングの最後の最後、プロモーション施策の一環としてキャンペーンを考えてください、みたいにオーダーされることがまだ多いと思います。だけど、そこで見えるものって、実はマーケティングプロセスのすごく上流でアイデアとして出ていてもいいものなんですよ。だから、僕はトレンダーズさんはもっとマーケティングの上流に入っていったらいいと思っています。

橋本：確かに、クライアントからのオリエンを聞いていると、まだまだUSP思考で考えている方が多いなと感じることはあります。

横山：最近は企業の中にプロダクトマネージャーやブランドマネージャーを置くことも増えています。けれど、マーケティングの初期のコンセプトワークがあまりにも抽象的なので、施策に落とし込めないという話も聞きます。事業部、宣伝部、広報部、営業部という関連する組織に共通概念や共通言語がないから、みんなで握れない。組織がうまくいっていないと広告会社へのRFP（リクエスト・フォー・プロポーザル）やオリエンテーションもうまくいかない。

そこで「NINE パーセプション」を抽出して、ビンゴ型コミュニケーションのカードをつくると共通理解が生まれます。そうなれば、どの部署でも施策に落とし込めるし、具体的な戦術を立案することができる。ビンゴカードをきれいにつくるまでに至っていなくても、少なくとも「世の中にこういうパーセプションがあるので、それを変える方法をプランニングしてほしい」という形で広告会社に渡すことができます。課題を整理してから渡さないと、広告会社だって答えられないんですよ。

橋本：横山さんが「もっと上流から」とおっしゃるのは、クライアントとの実践の中で実感したことでもあります。「NINE パーセプション」を実際に企業の方に考えていただくと、「そんな認識を持っている生活者は、本当に存在しますか？」というのが出てきてしまう。企業の方は USP の専門家、私たちは UBP の専門家なので、一緒に取り組んでいければいいのだと思っています。

　一方で良かったのは、チャレンジした皆さんが一様に面白がって取り組んでくださって、「全然ダメでしたー！」と笑って見せてくださることです（笑）。面倒で大変だ……ではなく、前向きに取り組んでくださる方が多いので、同じ視点で課題に向き合える手応えを感じています。企業やブランドの大小を問わず、既存の手法に違和感や課題感を持っていた方は、きっと思っていた以上に多かったのだなと感じているところです。

　マーケティングの現場の方なら、今までの実務の中で「やってみてダメだった」はあったとしても、「施策自体が考えられなかった」という経験は少ないと思うんです。でも、「NINEパーセプション」では、現状持っている情報だけではプランニングできない、ということが起こりえる。つまり、どこを深く考えないといけないかがわかる、自分たちのこれまで見えていなかった領域も見えてくる、ということなんです。

　一回でいきなり完璧なものができることはまずないと思います。でも、試行錯誤しながら間違いや部署や立場の違いも乗り越えて、「自分たちのブランドとは」というものをひとつつくることができれば、いつでも、誰もが立ち戻ることができますし、それはマーケティングの現場だけではなく、組織としての共通言語や指針になりうるものです。

　ブランドや商品の強みを改めて発見したり、ターゲットの解像度を上げたりすることもできるので、いろいろな使い方をしてもらえればと思います。

永久不変のメソッドは存在しないから、
常に見直しが必要

横山：このメソッドを導入する企業には、もちろん社内のリーダーは必要なんだけど、社内の力関係に左右されない外部の人に入ってもらうといいと思います。最初に研修のような形で入ってもらって、次からは自分たちでできるよ

うにする。

　こういうマーケティングメソッドに関しては、いかに社内でトレーナー、トレーニーの関係をつくることができるかが大事です。トレーナーが増えていく会社はスキルや知見を継承していくことができる。担当者が異動すると、そこにあった知見がゼロになっちゃうというケースがほとんどだと思いますが、今回のメソッドは属人性に陥らないで、組織として根づかせるための指針としても活用できます。

　つくっていく過程が記録として残るのも大事です。うまくいくことよりも、失敗からの学びのほうが大事。プロ野球監督の野村克也さんは「勝ちに不思議の勝ちあり、負けに不思議の負けなし」と言いましたが、あれってマーケティングにおいても金言だと思います。

橋本：このお話の冒頭で、既存のメソッドにダウトをかけてもいい、と気づきがあったと話しました。ひるがえって、これは自分たちも気をつけるべきだと感じています。「NINEパーセプション」や「ビンゴ型」コミュニケーション設計は、いまの時代のマーケティングでは確実にベースとしていただけるものだと思っています。でも、10年後や20年後には、もっと別のメソッドの組み合わせや自由な何かが生まれているかもしれない。あくまでも、現時点でのベース・指針であり、常に見直していくべきものとして考えています。

　私たちが既存のメソッドに違和感を覚えたように、多く

の方にこのメソッドを試していただいて、「ここは自分たちのブランドに当てはまらないんじゃないか？」といった話も含めて、活発に議論していただけるのが理想だと思っています。そうすることで、より UBP に近づいたマーケティングが実現したり、UBP の感覚を持ったマーケターの方が増えていってくれたなら、うれしいですね。

左から、横山隆治、橋本菜々子（トレンダーズ）

おわりに

　トレンダーズは、SNSを中心としたデジタルマーケティング事業を展開する企業です。インフルエンサーマーケティングやPR、デジタル広告、自社メディアといった様々な手法を複合させた最先端のマーケティングソリューションを提供しています。

　当社がマーケティング業務に従事する中で、ここ数年大きな違和感を覚えていたのが、「ターゲット全員が同一のジャーニーを歩む」ことを前提としたコミュニケーション設計でした。

　この違和感を解消する方法を模索する中で出会ったのが、横山氏が提言する「ビンゴ型」というコミュニケーション設計の考え方です。「ビンゴ型」は「人によって購買に影響するファクターが異なる」ことが前提になっており、これまで覚えていた違和感を、見事に解決するものでした。当社は、この考え方をマーケティングの現場で活用できるものにするためのメソッドを横山氏と共同開発し、マーケティング業務での実践を重ね、このたび書籍化の運びとなりました。

　以前の私たちと同じように、日頃のマーケティング活動で違和感を覚えている方、生活者の実態に即したマーケティング手法を模索している方にとって、本書が少しでもお役に立てればと思っています。

　最後に、本書を出版するきっかけをつくっていただき、執筆

にあたってもたくさんの貴重なご助言をくださった横山隆治様、そして制作にあたって多大なお力添えをくださった宣伝会議の皆様に、この場を借りて、あらためて感謝申し上げます。

トレンダーズ株式会社

橋本菜々子・佐藤由紀奈・山口真侑

著者 ━━━━━━━━━━━━━━━━

横山隆治（よこやま・りゅうじ）

横山隆治事務所（シックス・サイト）代表
株式会社ベストインクラスプロデューサーズ 取締役
CCC マーケティング株式会社 エグゼクティブアドバイザー
青山学院大学文学部英米文学科卒、ADK（旧旭通信社）入社。1996 年 DA
コンソーシアム起案設立、代表取締役副社長就任。黎明期のネット広告の理
論化、体系化を推進。2008 年、ADK インタラクティブ代表取締役社長就任。
2011 年デジタルインテリジェンス代表取締役社長、現横山隆治事務所（シッ
クス・サイト）代表。企業のマーケティングメディアを P・O・E に整理する概
念を紹介。主な著書に『トリプルメディアマーケティング』（インプレス）、『広告
ビジネス次の 10 年』（共著、翔泳社）、『CM を科学する』（宣伝会議）ほか多数。

トレンダーズ株式会社　https://www.trenders.co.jp/

2000 年の設立以来、幅広い業界の企業に向けて、常にトレンドを捉えた最
先端のマーケティングソリューションを開発・提供。世の中の空気や生活者の
細かなインサイトを捉えたコミュニケーション提案を得意とする。近年は、イン
フルエンサー事業、デジタル広告を中心に、時代に合ったベストな手段を駆使
して、クライアントのマーケティング課題の解決に貢献。また、SNS を用いた
ユーザー動向の分析力にも定評があり、その分析結果に基づいた独自の SNS
メソッドも多数考案している。

トレンダーズ執筆者紹介 ━━━━━━━━━━

橋本菜々子 （はしもと・ななこ）

トレンダーズ株式会社
常務執行役員

2008年にトレンダーズ入社。食品・化粧品などのカテゴリを中心に、時流に合わせたプロモーション設計を数多く手がける。2016年からインフルエンサーマーケティング事業の統括責任者として、生活者インサイトから購買意欲を掻き立てるSNSマーケティングの企画立案に注力している。

- -

佐藤由紀奈 （さとう・ゆきな）

トレンダーズ株式会社
ストラテジックプランニング Div.　エグゼクティブマネージャー

2014年にトレンダーズ入社。WEBトレンドメディアの編集・執筆業務の中で多数のタイアップ案件を担当。その後コミュニケーションプランナーとして、化粧品をはじめとする幅広い業界のマーケティング支援を行っており、生活者インサイトやSNSトレンドの分析を得意とする。

- -

山口真侑 （やまぐち・まゆ）

トレンダーズ株式会社
ストラテジックプランニング Div.　エグゼクティブプランナー

2007年にトレンダーズ入社。食品・飲料・通信・消費財を中心に、様々な商品・サービスのプロモーションを担当。トレンドに関する分析コメントの提供を中心に、テレビ・新聞・ラジオにも出演。現在はコミュニケーションプランナーとして、SNS分析・メソッド開発・企業のマーケティング戦略立案などを行う。

トレードマーケティング
売場で勝つための4つの実践

井本悠樹 著

■本体2100円＋税　ISBN 978-4-88335-589-1

小売業や卸売業で仕入れを担当する「バイヤー」や、買い物客を指す「ショッパー」を対象とするトレードマーケティングに特化した、日本初の入門書。商品が適切な売場に置かれ、店頭の売上を最大化させるために必要な考え方と具体的な実践について解説する。

進化するイマドキ家族のニーズをつかむ
共働き・共育て家族マーケティング

ジェイアール東日本企画 イマドキファミリー研究所 著

■本体1900円＋税　ISBN 978-4-88335-592-1

社会全体が大きな変貌を遂げ、従来の昭和型の家族イメージではもはや新しい家族を捉えられなくなっている。豊富な調査データから「30代子育て家族」のインサイトを読み解き、プランニングのヒントを提案する。子育て家族の本当の「いま」が見えてくる。

門外不出のプロの技に学ぶ
映像と企画のひきだし

黒須美彦 著

■本体2300円＋税　ISBN 978-4-88335-573-0

サントリーやPlayStationなど話題のCMに数多く携わってきたクリエイティブディレクター・黒須美彦が、これまでの経験で培った映像制作のテクニックや、企画の発想方法などを公開する。映像コンテンツをつくる人にとって教科書となる一冊。

世界を変えたクリエイティブ
51のアイデアと戦略

dentsu CRAFTPR Laboratory 著

■本体2300円＋税　ISBN 978-4-88335-585-3

現代におけるコミュニケーションの心理を9つの要素に整理。カンヌライオンズの受賞事例とともに、その課題と解決方法のヒントを紹介する。51の事例の日本語字幕付き動画のQRコードを掲載、実際に映像を見ながら学ぶことができる。

成果を出す 広報企画のつくり方

片岡英彦 著

■**本体2000円＋税** ISBN 978-4-88335-586-0

月刊『広報会議』の人気連載が書籍化。認知度の向上、営業実績、企業イメージ変容、社内活性化など、目的に向かって企画を立案し広報の成果を社内に示したい人のための一冊。広報担当者から悩みを寄せられることの多い取り組みについて解説。

実務家ブランド論

片山義丈 著

■**本体1800円＋税** ISBN 978-4-88335-527-3

ブランドをつくる現実的な方法を、長年にわたって企業のブランディングを担当してきた実務家ならではの視点でまとめ上げた一冊。企業や商品が持ってきた価値を正しく伝えるために本当に必要なことは。ビジネスの現場で実践するためのポイントを徹底解説する。

先読み広報術
1500人が学んだPRメソッド

長沼史宏 著

■**本体1900円＋税** ISBN 978-4-88335-571-6

1500人以上が学んだ人気の広報勉強会の内容を凝縮した、実践的な広報の教科書。メディアの関心を引く話題のつくり方からプレスリリースの書き方、メディア露出効果を最大化させるオウンドメディア・SNS活用法、ChatGPT活用法まで、詳細にわたって解説する。

「欲しい」の本質
人を動かす隠れた心理「インサイト」の見つけ方

大松孝弘・波田浩之 著

■**本体1500円＋税** ISBN 978-4-88335-420-7

本人すら気付いていない欲望は、アイデアの宝庫！人を動かす隠れた心理「インサイト」は商品・事業開発やプロモーションにおいて有効な武器となる。600件以上の案件で培ったインサイトの見つけ方・生かし方のフレームワーク、メソッドを詳細公開。

The Art of Marketing
マーケティングの技法

音部大輔 著

本体2400円+税 ISBN 978-4-88335-525-9

メーカーやサービスなど、様々な業種・業態で使われているマーケティング活動の全体設計図「パーセプションフロー・モデル」の仕組みと使い方を解説。消費者の認識変化に着目し、マーケティングの全体最適を実現するための「技法」を説く。ダウンロード特典あり。

パーパス・ブランディング
「何をやるか?」ではなく、「なぜやるか?」から考える

齊藤三希子 著

本体1800円+税 ISBN 978-4-88335-520-4

近年、広告業界を中心に注目されている「パーパス」。これまで海外事例で紹介されることが多かったパーパスを、その経験と知見からあらゆる日本企業が取り組めるようにまとめた。「パーパス・ブランディング」の入門書となる一冊。

なまえデザイン
そのネーミングでビジネスが動き出す

小藥 元 著

本体2000円+税 ISBN 978-4-88335-570-9

競合他社に埋もれない「商品名」、人を巻き込みたい「プロジェクト名」「覚えやすく愛される「サービス名」、社員のモチベーションをあげる「部署名」…それ、なんで名づけたらいい? 数々の商品・サービス施設名を手がける人気コピーライターが、価値を一言で伝えるネーミングの秘訣とその思考プロセスを初公開。

手書きの戦略論
「人を動かす」7つのコミュニケーション戦略

磯部光毅 著

本体1850円+税 ISBN 978-4-88335-354-5

コミュニケーション戦略を「人を動かす人間工学」と捉え、併存するコミュニケーション戦略・手法を7つに整理。その歴史変遷と考え方を〝手書き図〟でわかりやすく解説。各論の専門書に入る前に、体系的にマーケティング・コミュニケーションを学ぶことができる。

SNSから抽出するパーセプションでつくる
ビンゴ型コミュニケーションプランニング

発行日　　　2024 年 3 月 21 日　初版

著者　　　　横山隆治、トレンダーズ株式会社
発行人　　　東彦弥
発行元　　　株式会社宣伝会議
　　　　　　〒 107-8550 東京都港区南青山 3-11-13
　　　　　　TEL. 03-3475-3010（代表）
　　　　　　https://www.sendenkaigi.com/
装丁　　　　別府拓（Q.design）
DTP　　　　森貝聡恵（Isshiki）
印刷・製本　萩原印刷
ISBN 978-4-88335-598-3